KB136711

10대를 위한

수학을 움직인
결정적 질문

10대를 위한

수학을
움직인

정갑수 지음

결정적 질문

다른

교과서 밖에서 수학을 발견하세요

수학은 세상의 모든 것을 형성하는 중요한 요소입니다. 이렇게 말하면 어떤 사람들은 과장이 지나치다는 반응을 보이지요. 이는 수학의 본질을 잘못 이해하는 데서 오는 편견이에요. 아마도 교과목인 수학을 떠올리기 때문일 텐데요. 사실 학교에서 배우는 수학은 단순한 계산 도구에 불과합니다. 주어진 문제를 푸는 방법만 습득하다 보면, 결국 수학과 멀어지게 마련입니다. 자연스럽게 수학을 쓸모없는 학문이라고 생각하게 되지요.

그렇다면 수학이란 무엇일까요? 단순히 물감을 섞어 캔버스에 칠하는 것을 미술이라고 말할 수 없잖아요. 수학도 마찬가지입니다. 숫자를 계산하는 것이 수학이라고 말할 수는 없습니다. 음악이 음표로 아름다운 선율을 표현하는 것처럼 수학은 수식과 도형 등을 이용해 자연의 숨은 질서를 보여 줍니다. 만약 여러분이 수학의 본질을 조금이라도 이해한다면 삶에서 수학이 얼마나 중요한 의미가 있는지 알게 될 거예요.

수학은 정해진 개념이나 원리, 법칙에 따라 참이라고 부르는 결론을 유도해 내는 것입니다. 그러기 위해서는 논리적으로 증명하는 과정인 추론뿐만 아니라, 증명할 무언가를 찾아내기 위한 엄청난 직관력과 상상력이 필요해요. 또 수학은 하나의 언어입니다. 우리가 평소에 사용하는 일상 언어와 달리, 수학 언어는 아주 특별한 목적으로 정교하게 설계되었지요. 그래서 일상 언어로 다룰 수 없는 생각도 수학으로는 명료하게 드러낼 수 있어요. 기나긴 역사 속에서 수학을 발달하게 한 가장 강력한 힘은 무엇일까요? 바로 아름다움을 발견하고 추구하는 것이라고 할 수 있지요. 아름다움이 예술의 특징이라면, 수학은 그 자체가 아름다운 예술인 것입니다. 영국 철학자 버트런드 러셀은 이렇게 말했습니다.

"수학은 음악이나 그림처럼 화려한 장식은 없지만, 숭고할 정도로 순수하며 가장 위대한 예술이 보여 줄 수 있는 아름다움이 있습니다."

이 책은 인류 문명을 만든 수학의 역사를 보여 줍니다. 그 속에는 수많은 이의 반짝이는 탐구 정신이 있었어요. 여러분도 교과서를 벗어나 새로운 수학의 모습을 발견할 수 있기를 바랍니다. 나아가 더 나은 세상을 만들기 위해 무엇이든 질문하고 그 답을 찾아가기를 바랍니다.

차례

질문 난이도 ★☆☆

수의 기원

결정적 질문 ①

더하기 빼기로

뭘 할 수 있을까?

아주 먼 옛날 사람들은 가축이 몇 마리인지 알기 위해 손가락을 사용했습니다. 가축이 많을 때는 손가락만으로는 부족하니 돌멩이나 조가비도 썼을 테지요. 그러나 이것들은 세월이 흐르는 동안 흩어지고 바스라져서 지금은 그 흔적이 남아 있지 않아요.

다행히 우리는 또 다른 유물을 통해 초기 인류가 수의 개념을 가지고 있었다는 것을 알 수 있어요. 막대기나 뼈에 새겨진 '금(줄)'을 통해서지요. 체코에서 발견된 3만 년 전의 늑대 뼈에는 수를 나타낼 때 새긴 것으로 보이는 금이 남아 있는데요. 첫째 줄에는 25개, 둘째 줄에는 30개의 금이 새겨져 있습니다. 그런데 자세히 살펴보면 특이한 점을 발견할 수 있어요. 금이 다섯 개씩 한 묶음으로 표시된 건데요. 바로 '5의 배수'로 수를 나타낸 것입니다. 초기 인류는 어째서 10의 배수가 아니라 5의 배수를 사용한 것일까요?

원래 수학은 개수, 크기, 모양이라는 개념으로부터 시작되었습니다. 사물이나 자연을 관찰할 때 비슷한 것보다는 서로 다른 것을 구별하기가 더 쉽지요. 예를 들어 사과 한 개와 여러 개보다는 사과와 늑대를 구별하는 것이 더 쉽습니다. 그리고 사과 3개와 늑대 3마리에서 공통적으로 3이라는 수의 개념을 떠올릴 수 있습니다. 이처럼 서로 다른 것으로부터 같은 크기나 모양의 닮은꼴을 추려 내어 공통으로 적용하는 개념을 '수'라고 합니다.

앞에서 초기 인류가 5의 배수로 수를 나타냈다고 했지요. 그것은 인간의 손가락과 발가락이 왼쪽과 오른쪽에 각각 다섯 개씩 달려 있기 때문입니다. 오늘날 10진법이 널리 쓰이는 까닭도 해부학적으로 인간의 손가락과 발가락이 모두 합쳐 10개씩이기 때문이에요. 만약 인간의 오른 손가락이 6개였다면 어땠을까요? 양 손가락 모두 합해 12개였다면요?

아프리카 오지에 사는 원시 부족들 중에는 '하나', '둘'까지만 세고 그 이상의 수는 '많다'라고 나타내는 경우가 있습니다. 그리스어에도 '하나, 둘, 많다'라는 세 가지 구분법이 문법에 남아 있고요. 오늘날 인류가 사용하는 대부분의 언어에서도 '단수와 복수' 두 가지로 숫자를 구분하고는 합니다. 여기서 우리는 과거의 사람들이 2와 3을 기본으로 헤아렸다는 것을 알 수 있습니다. 2진법이나 3진법을 사용했던 셈이지요. 그러나 수를 나타내는 말과 문자가 생겨나면서 오늘날에는 이 모든 게 10진법으로 대체되었습니다.

손가락이 인류의 첫 번째 계산 도구라면, 돌멩이는 두 번째에 해당합니다. 이집트인들은 문자를 발명한 후에도 덧셈과 뺄셈을 위해 돌멩이를 사용했습니다. 이는 로마인들에게 그대로 전해졌고, 로마인들은 이 돌멩이를 칼쿨리calculi라고 불렀습니다. '칼쿨리'에서 바로 영어의 계산calculation과 미적분calculus이라는 단어가 생겨나게 된 것이지요. 영국인들은 계산에 쓰는 돌멩이를 카운터counter라고 불렀으며, 금전 거래를 할 때 쓰는 탁자에도 카운터라는 이름을 붙였습니다. 오늘날에는 돌멩이 대신 금전등록기를 사용하는데 이 역시 카운터라고 부르지요.

수렵·채집 생활을 했던 기원전 1만 년 무렵 유럽과 아시아 지역의 문명은 거의 비슷했습니다. 그 후 기원전 4000년에서 3000년경까지 커다란 강을 낀 몇몇 지역을 중심으로 문명이 발달하기 시작했지요. 그중 가장 발달한 4대 문명은 나일강 유역의 '이집트 문명', 티그리스강과 유프라테스강 유역의 '메소포타미아 문명', 인더스강 유역의 '인더스 문명', 황허강 유역의 '황허 문명'입니다. 강 주변 지역은 땅이 비옥해서 농사를 짓거나 가축을 기르기에 적합했습니다. 청동기의 발명으로 좀 더 단단한 도구를 만들어 사용하면서 농경은 더욱 발달하게 되었지요. 관개시설을 만들어 물을 더욱 효율적으로 사용할 수도 있게 되었고요. 살기 좋은 이 땅에 사람들이 점점 몰려들어 어느덧 도시를 이루게 되었습니다.

많은 사람이 모여 살다 보니 이런저런 질서를 정해야 했습니다. 특히 각자의 소유물과 세금을 명확히 기록해 두어야 했지요. 이것이 문자와 숫자가 탄생하게 된 배경이에요. 세계 최초의 문자는 기원전 3000년경 이집트와 메소포타미아에서 탄생했어요.

그러면 수를 더하거나 빼는 셈은 어떻게 시작되었을까요? 가장 오래된 셈의 기록은 메소포타미아의 쐐기문자, 이집트의 상형문자, 중국의 표의문자에서 찾아볼 수 있습니다. 오늘날 우리가 사용하는 10진법은 주로 고대 이집트와 중국에서 발전된 것입니다. 중국의 10진법은 기원전 10세기 이전부터 사용되었어요.

이와 달리 수메르 문화를 이어받은 바빌로니아에서는 60진법을 사용했습니다. 아마 60이 10보다 약수가 많아서 나눗셈을 하는 데 편리했기 때문일 거예요. 10의 약수는 1, 2, 5, 10뿐이지만, 60의 약수는 1, 2, 3, 4, 5, 6, 10, 12, 15, 20, 30, 60으로 훨씬 많으니까요. 그래서 물건을 나눌 때 10진법보다 60진법을 사용하는 게 더 편리한 면이 있답니다.

60진법을 사용한 또 다른 이유는 원의 작도법과 밀접한 관계가 있습니다. 바빌로니아 사람들은 원을 60등분 해서 사용하면 편리하다는 사실을 알았어요. 오늘날 각도와 시간을 60분, 60초로 구분하는 것은 바로 바빌로니아의 60진법에서 비롯된 것입니다. 또한 바빌로니아인들은 매년 별들이 같은 위치에 오는 기간을 60의 여섯 배, 즉 360으로 나누어 일 년을 구분했어요.

인도-아라비아 숫자가 널리 쓰이기 전까지는 곱셈과 나눗셈을 하는 게 수월하지 않았습니다. 나누어서 떨어지는 수가 많다는 것은 매우 중요한 문제였어요. 하지만 고대 바빌로니아 이후 60처럼 큰 수를 기본으로 하는 진법은 더 이상 생겨나지 않았습니다. 오히려 손가락과 발가락 개수를 모두 더한 20을 기본수로 하는 20진법이 더 많이 쓰였지요. 기록에 따르면 그린란드의 에스키모족, 사할린섬의 아이누족, 마야족과 아즈텍족이 20진법을 사용했다고 해요.

피라미드를 세운 기하학

수를 사용한 인류 최초의 기록은 기원전 3000년경 청동기 시대의 수메르 민족에게서 찾아볼 수 있습니다. 수메르 민족은 오늘날의 이라크 남부 지역인 고대 메소포타미아 가장 남쪽 지방에 정착해 살았는데, 훗날 바빌로니아 왕국에 점령당해 멸망했어요. 바빌로니아는 수메르인의 쐐기문자 등 문명을 이어받아 세력을 키워 나갔고, 메소포타미아 문명을 활짝 꽃피웠답니다.

메소포타미아 문명은 티그리스강과 유프라테스강 유역을 중심으로 발달했습니다. 티그리스강은 터키 동쪽에서 시작해 남동쪽으로 흘러 이라크 남부 지역에서 유프라테스강과 만나 페르시아만으로 흘러갑니다. 이러한 티그리스강과 유프라테스강 사이에 메소포타미아가 자리해 있어요. '메소포타미아Mesopotamia'는 원래 '두 강 사이의 땅'을 뜻하는 말이랍니다.

두 강 사이의 땅을 차지한 만큼 바빌로니아에서는 동서양의 교류가 무척 활발했습니다. 덕분에 아프리카 대륙의 북단에 치우친 이집트에 비해 산술이 더욱 발달하게 되었지요. 또한 쐐기문자를 기록한 바빌로니아의 점토판은 이집트의 파피루스보다 보존하기가 더 편리했어요. 이러한 이유로 바빌로니아인의 기록이 오늘날까지 비교적 많이 남게 된 것입니다.

미국 컬럼비아대학교 박물관에 보관되어 있는 바빌로니아 점토판은 당시 수학이 얼마나 발달했는지 잘 보여 줍니다. 그 점토판에는 피타고라스 정리가 성립하는 세 쌍의 수들이 적혀 있어요. 그런데 피타고라스가 활동한 시기는 기원전 6세기경이고, 점토판은 이보다 앞선 기원전 1800년경에 제작되었지요. 어떻게 된 일일까요? 피타고라스 정리가 만들어지기 전에 바빌로니아인들은 이미 그 원리를 알았던 것이에요.

바빌로니아인들은 계산을 빠르고 효율적으로 할 수 있도록 자릿수 개념도 도입했습니다. 같은 숫자라도 위치에 따라 수의 크기가 달라지는 자릿수 말이에요. 반면 이집트에는 자릿수를 표현하는 방식이 없었습니다. 이러한 차이로 바빌로니아에서는 산수와 대수가 발달하고, 이집트에서는 기하학이 발달하게 되었지요.

이집트인들은 상형문자에 가까운 숫자를 사용했습니다. 당시 그들은 나일강 삼각주에서 자라는 갈대과 식물인 파피루스^{papyrus} 껍질에 문자를 기록했어요. 종이^{paper}라는 말은 바로 파피루스에서 유래한 거예요. 이집트 수학에 대한 대부분의 지식은 《아메스 파피루스》를 통해 알 수 있습니다. 《아메스 파피루스》는 아메스라는 서기가 파피루스에 기록한 수학책을 말합니다.

그런데 그 수학책에는 몇몇 문제만 제시되어 있을 뿐 연산에 대한 설명이나 이유는 적혀 있지 않았어요. 그 까닭은 아마도 이집트의 신정^{神政} 통치와 관련이 있을 것입니다. 고대의 성직자들은 행성의 움직임과 별의 위치를 관찰해 규칙성을 찾아내는 데 수학을 이용했어요. 자연현상에 대한 지식을 독점한 성직자들은 이를 바탕으로 자연의 변화를 예측하고 미래를 예언하기도 했지요. 당시 수학을 포함한 모든 지식은 통치를 위한 수단이었어요. 성직자들은 권력을 독점하기 위해 기록을 남기기를 꺼리고 입으로만 지식을 전달하려 했어요. 그래서 《아메스 파피루스》에서도 자세한 설명을 찾아볼 수가 없었던 것입니다.

이집트와 바빌로니아의 기하학은 경험에 따른 어림짐작으로 이루어졌기 때문에 실용적인 측면이 강했습니다. 직선은 단지 쭉 뻗은 줄을 의미했고, 평면은 평평한 땅 조각의 표면이었지요. 그들은 파피루스와 점토판에 신용장, 임금, 거래액 등을 새겼습니다. 그리고 기하학 공식을 이용해 들판의 넓이를 계산하고 곡물 창고에 저장한 곡식의 양을 계산했지요.

이집트에서는 나일강의 범람으로 기하학이 특히 발달했습니다. 왜 그런 것일까요? 그리스의 역사가 헤로도토스에 따르면, 기원전 14세기 세소스트리스 왕은 모든 이집트인들에게 똑같은 크기의 땅을 나누어 주고 그에 따라 세금을 매겼다고 합니다. 만일 나일강이 범람해서 누군가 땅을 잃으면 파라오에게 손실을 보고하게 했습니다. 그러면 파라오는 측량관을 파견해 피해 상황을 조사하고 토지의 경계를 다시 만들도록 했지요. 측량관은 밧줄을 이용해 땅을 삼각형과 사각형으로 분할함으로써 넓이를 계산했습니다. 이러한 과정에서 자연스럽게 기하학이 발달한 것이지요. '기하학'의 어원도 '땅을 측정'한다는 말에서 찾을 수 있답니다.

당시에 있었을 법한 문제 하나를 풀어 볼까요? 어떤 농부가 100제곱미터의 땅에 돌로 담을 쌓으려고 합니다. 이때 돌을 가장 적게 사용해 담을 쌓으려면 어떻게 해야 할까요? 만일 그 농부가 기하학을 안다면 가로, 세로가 같은 정사각형 모양으로 만들 것입니다. 정사각형은 어떤 형태의 직사각형보다 둘레의 길이를 가장 짧게 만들 수 있기 때문이지요.

기하학은 종교적 신비감을 고취하는 아름다운 사원과 피

라미드 건설에도 핵심적인 역할을 했습니다. 가장 대표적인 피라미드로는 이집트 쿠푸 왕의 무덤인, 기원전 2500년경의 대피라미드를 꼽을 수 있습니다. 사람들은 대피라미드를 보고 두 번 놀랐습니다. 먼저 어마어마한 크기에 신비로움을 느꼈고, 구조물의 기하학적 정밀성을 확인하고 또 한 번 감탄했답니다.

그 피라미드는 2,500킬로그램 안팎의 무게에 어른 키만한 거대한 돌들을 쌓아 올린 것이었습니다. 피라미드의 밑변 4개는 모두 230미터 정도로, 각 변의 길이가 소수점 첫째 자리만 차이 날 뿐 거의 비슷했습니다. 또 밑변이 이룬 각각의 모서리는 정확히 90도였어요. 밑변들은 각각 동서남북을 가리켰고요. 현대의 건축학자들은 이렇게 정밀도가 뛰어난 거대한 건물을 짓는 일은 불가능하다고 입을 모읍니다. 피라미드 밑변의 길이를 높이로 나눈 값은 1.57인데, 이는 원주율(3.1416)의 절반에 해당하는 수치예요. 이런 점까지 고려해 피라미드를 만들었다면 건축 과정은 더욱 복잡했을 것입니다.

기원전 3세기경 바빌로니아의 신관이자 역사가 베로수스는 이런 기록을 남겼습니다. 원래 인류는 모두 같은 민족이었으나 신의 노여움을 사서 언어가 갈리고 각기 다른 민족

기하학은 종교적 신비감을 고취하는 피라미드 건설에도 핵심적인 역할을 했습니다.

으로 흩어졌다는 것입니다. 그 이유인즉, 인간들이 스스로 신보다 위대하다고 여겨 높은 탑을 쌓아 하늘에 닿으려는 우매한 짓을 저질렀기 때문이랍니다. 우리는 이 '바벨탑 전설'의 흔적을 고대 바빌로니아의 유적에서 찾아볼 수 있습니다. 바로 지구라트^{ziggurat}라는 거대한 탑 모양의 사원이에요. 얼마나 높고 거대한지 몇 킬로미터 떨어진 곳에서도 볼 수 있을 정도랍니다.

이집트나 바빌로니아에서는 성직자나 관료 계급만이 문자를 읽고 쓰는 능력을 갖출 수 있었습니다. 글을 익히는 것이 유한계급만의 특권이었지요. 반면에 그리스는 사정이 달랐습니다. 노예들이 게으른 유한계급을 대신해 귀찮은 산수 계산을 해 주기도 했답니다.

그리스인들은 기원전 10세기경 페니키아인들이 만든 자음뿐인 알파벳에 모음을 더해 사용했습니다. 그래서 문자를 더욱 효율적으로 읽고 쓸 수 있었지요. 그리스의 교육은 읽기와 쓰기, 수사학, 음악, 체육이 전부였습니다. 이러한 교육과정을 마치고 나면 소피스트라는 학자들을 통해 더 많은 교양을 쌓을 수 있었지요. 당시 수학은 성숙하고 지적 능력이 뛰어난 사람들이 배우는 중요한 학문이었습니다. 하지만 유한계급에게는 산수 능력이 굳이 필요하지 않았지요. 노예들이 육체노동뿐만 아니라 정신노동까지 대신 해 주었기 때문이에요.

지적 감수성이 풍부한 유한계급이 수학을 탐구할 만한 주제로 여기게 된 것은 바로 피타고라스 덕분입니다. 피타고라스는 철학자인 동시에 종교 지도자였던 최초의 인물입니다. 수는 그 자체로 신성하다고 주장한 피타고라스는 '철학'과 '수학'이라는 용어를 만들어 냈습니다. 여기서 철학_{philosophy} 에는 원래 '앎을 사랑한다'는 의미가 있어요.

피타고라스는 기원전 6세기 초 터키 앞바다의 사모스섬에서 태어났습니다. 평생 동안 여행을 많이 다녔으며, 이집트와 바빌론 등지에서 수학을 공부했습니다. 나이가 들어서는 이탈리아 남부의 크로톤(지금의 크로토네)에서 자신의 철학을 설파했습니다. 당시 짧은 기간에 수많은 추종자가 몰려들었고, 이로써 피타고라스학파가 생겨났지요. 피타고라스학파의 수학, 철학, 종교는 '모든 사물이 수'라는 개념으로부터 시작합니다.

당시 사모스섬은 폴리크라테스의 뛰어난 통치 덕분에 번영의 절정기를 달리고 있었습니다. 이집트, 페르시아와 긴밀한 관계를 맺으며 바다를 통한 무역과 해적 행위로 부를 쌓아 갔지요. 폴리크라테스는 여러 시인을 초빙해 문예를 장려하기도 했고, 대규모 토목공사를 통해 거대한 신전 등을 세워 섬의 위상을 강화했습니다. 피타고라스 같은 학자들에게는 새로운 학문을 탐구할 좋은 요건이 갖추어졌던 셈입니다.

그렇다면 피타고라스학파의 수 이론은 어떻게 해서 생겨

나게 되었을까요? 수를 향한 그들의 집착은 음악과 천체로부터 비롯되었습니다. 수와 음악과 천체가 어떻게 연결되는지 이해하려면 먼저 조약돌을 이용해 수를 세는 독특한 방식부터 알아야 해요.

우선 조약돌을 이용해 자연수 1, 2, 3, 4……를 순서대로 놓아 삼각형 모양을 만듭니다. 삼각형은 가장 안정된 기하학적 형태예요. 특히 10개의 조약돌이 삼각형을 이룰 때 밑변은 4인 수로 이루어지지요. 이러한 삼각형을 '테트락티스'라고 부릅니다. 피타고라스학파에서 밑변을 이루는 4는 정의와 질서를, 10은 완성을 의미했어요.

피타고라스학파는 테트락티스가 우주의 특성을 나타낸다고 생각해 매우 경외했습니다. 자연수 1, 2, 3, 4를 특히 중요시했는데, 이를 '사원수'라고 불렀지요. 그리스 기하학에서 숫자 1은 점을, 2는 선분을, 3은 면을, 4는 사면체를 의미했어요. 따라서 테트락티스는 우리가 지각할 수 있는 모든 차원을 의미한답니다.

테트락티스는 음악의 화음에서도 나타납니다. 피타고라스학파는 현을 연속적인 정수비로 분할하면 현악사중주에서 듣는 것 같은 화음이 만들어진다는 것을 알아냈어요. 두 개의 현을 동시에 튕겼을 때 좋은 소리가 나면 이는 두 현이

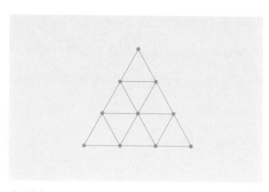

테트락티스

간단한 정수비를 이루고 있기 때문입니다.

길이의 비가 1:1인 두 현이 내는 음은 완전히 똑같습니다. 길이의 비가 1:2면 음은 한 옥타브 차이가 나고요. 길이의 비가 2:3이면 완전한 5도 화음이 되고, 길이의 비가 3:4면 완전한 4도 화음이 되지요. 테트락티스에 따른 수와 음악 사이의 신비로운 일치는 우주가 서로 조화를 이루는 것처럼 보입니다.

피타고라스는 자연법칙을 탐구하는 방식으로 정수와 분수로 이루어진 유리수의 중요성을 강조했습니다. 하지만 심혈을 기울인 데 반해 성과는 보잘것없었습니다. 정수만으로 수학의 구조를 다 설명하기도 어려운데 우주를 설명한다는 것은 불가능한 일이었지요.

피타고라스학파는 신성하게 여겼던 수에도 결점이 있다는 사실을 발견했습니다. 하지만 그 발견에 너무 충격을 받아 진실을 감추었지요. 진실이 밝혀지게 된 계기는 아이러니하게도 '피타고라스 정리'에 의해서였습니다. 피타고라스 정리가 무엇인지 한번 짚어 보고 갈까요?

직각삼각형에서 빗변을 한 변으로 하는 정사각형의 넓이는 다른 두 변을 각각 한 변으로 하는 정사각형의 넓이의 합과 같다.

만약 직각을 낀 두 변의 길이가 각각 1인 직각삼각형이 있다면, 이때 빗변의 길이 a는 몇일까요? 피타고라스 정리를 적용하면 다음과 같습니다.

$$1 \times 1 + 1 \times 1 = a \times a$$

a를 두 번 곱하면 2가 되므로 a는 1과 2 사이의 분수가 됩니다. 그런데 어떤 분수를 두 번 곱해도 2가 나올 수 없다는 놀라운 사실이 밝혀졌습니다. 이러한 발견으로 인해 모든 수는 두 정수의 비로 나타낼 수 있으며, 수가 불연속적이라

는 피타고라스학파의 철학이 일시에 무너져 버립니다.

여기서 1과 2 사이의 분수인 빗변의 길이 a를 우리는 $\sqrt{2}$로 나타냅니다. 이러한 수를 '무리수'라고 부르지요.

그리스 문명은 이전의 수천 년 동안 경험과 귀납법을 통

유리수와 무리수

유리수는 정수와 분수, 즉 정수의 비로 나타낼 수 있는 수를 말합니다. 유리수를 수학적으로 정의하면 b/a처럼 두 정수의 비로 나타낼 수 있지요. 유리수와 무리수는 소수점 아래 어떤 숫자가 오느냐에 따라 구분됩니다.

먼저 유리수는 소수점 아래 유한한 숫자가 오거나, 무한하지만 같은 숫자가 반복되는 수를 말해요. 예를 들어 1/2=0.5, 1/3=0.333······으로 유리수에 속하지요. 반면 무리수는 소수점 아래 숫자가 반복되지 않고 끊임없이 나오는 수를 말해요. 예를 들어 $\sqrt{2}$ =1.4142135······, $\sqrt{3}$=1.7320508······은 무리수에 속합니다.

무리수는 몇 개의 숫자로 명확하게 나타낼 수 없습니다. 실제로 무리수는 소수점 이하의 수들이 끝도 없이 이어지지요. 무리수의 발견은 훗날 해석학이라는 수학 분야의 발전에 지대한 영향을 미쳤습니다. 무엇보다 이 발견을 통해 셀 수 있는 무한대와 셀 수 없는 무한대가 존재한다는 사실을 알게 되었지요.

해 만들어진 모든 규칙과 공식에서 벗어나 독특한 수학 체계를 발달시켰습니다. 그 까닭은 그리스 문명의 본질과 사회구조에서 발견할 수 있습니다. 그리스의 상류층은 상업적인 이익 추구와 육체노동을 경멸하거나 어쩔 수 없는 필요악으로 여겼습니다. 육체노동은 몸을 해롭게 하며, 지적인 사회 활동과 시민의 의무를 다할 시간을 빼앗는다는 이유 때문이었지요.

한편 피타고라스학파는 상업적 도구인 산수를 철학으로 발전시켰다는 데 자부심을 느꼈습니다. 그들은 부가 아니라 지식을 추구했던 것입니다. 플라톤조차 상업적인 거래를 위해 산수를 이용하는 것은 자유인을 타락시키는 행위라고 여겼습니다. 심지어 그런 행동을 하나의 범죄로 여겨 처벌해야 한다고 주장할 정도였지요.

사실 현대 문명의 토대는 기원전 6세기에서 3세기에 걸친 고대 그리스 시기에 이루어졌다고 해도 과언이 아닙니다. 그 토대를 이루는 데 한몫한 이들은 바로 그리스의 상류층을 먹여 살린 수많은 노예입니다. 노예들이 없었다면 철학과 수학, 건축, 예술이 보여 주는 찬란한 그리스 문명은 결코 꽃피우지 못했을 거예요.

그리스인들은 연역적 추론을 통해 수학을 발전시켰습니

다. 철학자들이 삶과 죽음, 선과 악의 구분 같은 문제에 깊은 관심을 가졌던 것처럼 수학자들은 연역법을 통해 추상적이고 합리적인 아름다움을 추구했지요. 그래서 당시 수학자들은 물리적 실체를 불완전하고 덧없는 것으로 이해했어요. 추상적 개념이야말로 영원하고 이상적이며 완벽한 것이라고 여겼답니다. 그들은 수학에서도 특히 고등 산수의 일종인 수에 대한 이론, 즉 정수론을 발달시켰어요.

피타고라스학파는 수에 관한 철학을 정립했을 뿐 아니라 수학적인 증명 방법을 구축하는 데도 중요한 기여를 했습니다. 수학적 증명이란 가정을 토대로 논리적 추론을 통해 어떤 명제가 옳은지 명확히 밝히는 과정을 말합니다.

그리스 시대 이전에는 수학을 실생활을 편리하게 하는 하나의 수단으로 여겼습니다. 예를 들어 수학 이론을 이용해 땅을 잘 나눌 수 있다면 그것으로 충분했지요. 그리스 시대에 와서는 수학 이론이 왜 실생활에 적용되는지 설명하기 시작했습니다. 피타고라스학파는 가정에서 출발해 증명 과정을 통해 진리를 발견함으로써 수학을 다른 어떤 철학 분야보다 확고한 토대 위에 올려놓았습니다.

피타고라스의 수와 음악, 천체에 대한 개념은 그리스 철학자들뿐 아니라 중세 대학의 교과 과정에도 많은 영향을 미쳤습니다. 중세 대학에서는 모두 일곱 과목을 가르쳤습니다. 문법, 수사, 논리로 구성된 3학과와, 피타고라스학파의 관심 분야였던 기하, 산술, 천문, 음악으로 구성된 4학과였지요.

행성의 운동법칙을 발견한 천문학자 요하네스 케플러는 피타고라스의 영향을 받아 자신의 저서에 '우주의 조화'라는 제목을 붙였습니다. 심지어 케플러는 피타고라스의 정신을 이어받아 행성마다 음악의 고유한 '선율'을 만들기도 했답니다.

수학으로 지구 둘레를 재다

기하학을 창시한 이집트인들은 시간의 흐름을 계산하거나 토지 모양을 복원하는 데 수학 이론을 적용했습니다. 그들에게 수학은 실생활에 필요한 하나의 도구일 뿐이었지요. 반면에 고대 그리스인들은 기하학을 순수한 추론을 통해 본질적인 진리를 다루는 학문으로 발전시켰습니다. 그들은 이집트인들에게 기하학뿐 아니라 숫자까지 물려받았고, 산술적 개념을 도형으로 바꾸었습니다. 그들에게 숫자와 도형은 완전히 같은 것이었지요. 당시 수학에 필요한 도구는 연필과 종이가 아니라 자와 컴퍼스였습니다.

고대 그리스인들은 기하학을 신성시했습니다. 이는 기하학이 가장 구체적인 동시에 추상적인 형태의 추론이었기 때문입니다. 기하학은 거의 모든 사물을 단순한 형태로 바꿀 수 있습니다. 플라톤도 기하학을 매우 중요하게 여겼던 철학자입니다. 그는 정다각형으로 이루어진 입체도형들이 물질의 기초를 이룬다고 주장했습니다. 그래서 정다각형의 입체도형인 정사면체, 정육면체, 정팔면체, 정십이면체, 정이십면체 다섯 가지를 물질의 근원인 물, 불, 흙, 공기, 에테르에 비유했지요.

기원전 300년경 그리스의 수학자 유클리드는 기하학에 관한 거의 모든 지식을 책 한 권에 집대성했습니다. 수학계에서 가장 유명한 책을 꼽으라면 단연 유클리드가 쓴 《원론》일 것입니다. 지금까지 《원론》보다 많이 발행된 책은 오직 성경밖에 없으니까요. 총 13권으로 이루어진 이 책에서 유클리드는 기하학을 명확한 논리적 기반 위에 세우려고 시도했습니다.

《원론》의 첫 부분은 정의와 공리로 시작됩니다. 정의는 더 설명이 필요 없을 정도로 단순하면서 이해하기 쉽게 나와 있습니다. '점은 부분이 없는 것이다', '선은 폭이 없는 길이다', '선의 끝은 점이다'와 같이 모두가 쉽게 받아들일 수 있는 개념들로 23개의 정의를 기술했지요. 그리고 명백한 사실이라고 가정한 10개의 공리에서 시작해 오로지 논리적 추론을 통해 약 500개의 명제를 증명했습니다.

그리스 기하학은 그 뒤를 이은 문명에 이성의 힘을 가르쳐 주었습니다. 수많은 신학자, 논리학자, 철학자가 유클리드 기하학의 형식과 절차를 따라 진리를 추구했지요. 논리를 중시한 플라톤이 세운 그리스 최초의 학교 아케데메이아(Academy) 입구에 다음과 같은 글귀가 붙어 있을 정도였답니다. "기하학을 모르는 자는 들어오지 말라."

고대 그리스인들은 천문학을 통해 우주의 신비를 기하학적 도형으로 바꿔 놓았습니다. 천체에 대한 그들의 열정은 측정과 계산보다는 형태와 모양에 집중되었지요. 그중에서도 태양과 달, 행성들의 움직임을 잘 보여 주는 원과 구에 관심이 많았습니다.

실용적인 관점에서 보면 그리스인들은 산업, 금융, 과학에 꼭 필요한 수 체계와 대수를 발달시키는 데 실패했습니다. 따라서 이후 세대도 어쩔 수 없이 기하학적 방식으로만 접근할 수밖에 없었지요. 당시 유럽인들은 그리스 방식에

너무 익숙해져 있었습니다. 그러다 보니 유럽 문명은 아랍인들이 저 멀리 인도에서 새로운 수 체계를 가져오고 나서야 발전할 수 있었습니다.

그리스인들은 왜 자기 발밑의 땅을 외면한 채 하늘의 별만 쳐다보았을까요? 수학에는 실용적 측면도 있지만, 순수하게 이론적으로만 탐구하는 추상적 측면도 있습니다. 하지만 추상적 측면의 연구라고 해서 영원히 추상적으로만 남으라는 법은 없습니다. 실용성을 전혀 고려하지 않았던 연구가 수십 수백 년 후에 뜻밖의 실용적 문제를 해결할 실마리가 되기도 하니까요. 예를 들어 타원은 기원전 350년경 그리스 수학자 메나이크모스가 연구한 곡선입니다. 그로부터 2,000년이 지난 후 케플러와 물리학자 아이작 뉴턴은 태양계의 행성이 타원궤도를 따라 운행한다는 사실을 발견했습니다.

고대 그리스 수학이 추상적 측면에 치우쳤다면, 그 뒤를 이은 헬레니즘 시대의 수학은 실용적 측면이 강했습니다. 그럼 이제 실용적인 수학이 발달하게 된 배경을 알아볼까요?

기원전 336년 마케도니아의 왕 필리포스 2세가 암살당하자 그의 아들 알렉산더가 왕위를 계승했습니다. 알렉산더 대왕은 마케도니아 북부의 반란을 진압하고 그리스의 테베를 점령했습니다. 기원전 334년에는 그리스 연합군을 이끌고 소아시아 지역으로 원정을 떠나 페르시아군을 격파했습니다. 이어 시리아, 페니키아, 이집트 등을 정복하고 인도를 점령하기 위해 원정을 떠났습니다. 그러나 전쟁에 지친 군사들의 반발로 포기하고 귀환해야 했지요. 안타깝게도 알렉산더 대왕은 귀환하던 도중 열병으로 사망하고 말았습니다. 비록 젊은 나이에 죽었지만 알렉산더 대왕의 업적은 대단했습니다. 그의 영토 확장으로 아시아에서 아프리카에 이르는 거대한 제국을 이루었고, 헬레니즘이라는 찬란한 문명을 꽃피우게 되었으니까요.

　기원전 331년 알렉산더 대왕은 이집트를 정복하고 나일강 하구에 알렉산드리아라는 도시를 세웠습니다. 그는 이곳을 수도 삼아 제국을 다스렸어요. 알렉산드리아는 아시아, 아프리카, 유럽이 만나는 곳에 자리했기에 곧 세계의 중심지가 되었지요. 알렉산드리아 상인들은 이웃 나라에 넘나들며 그리스 문화를 퍼뜨렸고, 아울러 이웃 나라의 문화와 지식을 가져오기도 했어요. 알렉산드리아를 중심으로 여러 민족과 문화가 어우러지게 된 것이지요. 그 결과 그리스 문화와 오리엔트 문화가 융합한 '헬레니즘 문화'가 탄생하게 되었답니다.

당시 알렉산드리아 사람들은 상업에 관심이 많았어요. 이는 기술 향상으로 이어졌지요. 수학자들도 좀 더 실용적인 이론을 연구해 기술 향상에 이바지했고요. 고대 그리스 수학이 추상적 논리를 통해 삼단논법의 기틀을 마련했다면,

실용적인 수학 TIP

어떤 고정된 두 점 A와 B를 정하고, A와 B를 통과하지는 않지만 동일한 평면 위에 있는 직선 L을 생각해 보세요. 이때 점 A에서 출발해 직선 L의 어느 한 점 P를 거쳐 점 B까지 연결하는 선분이 있습니다. 선분 AP+PB가 최소가 되는 점 P는 어디일까요? 이것은 순전히 기하학적인 문제로, AP와 PB가 선 L에 대해 동일한 각을 이루도록 점 P를 선택하면 됩니다. 이 정리를 당연한 것으로 받아들인다면 실용적인 문제에는 어떻게 적용할 수 있을까요?

가령 A와 B가 두 개의 도시이고 L은 강이라고 가정해 봅시다. 강둑에 항만을 건설하려고 할 때 부두에서 도시 A와 B까지 이르는 전체 도로의 길이를 가능한 짧게 만드는 것이 효율적일 테지요. 그러면 강의 어느 지점에 항만을 만들어야 할까요? 그것은 도시 A와 강둑, 그리고 도시 B와 강둑을 연결하는 도로가 그 강에 대해 동일한 각을 이루는 곳에 만들면 됩니다. 이처럼 실용적인 측면을 전혀 고려하지 않았던 수학 개념이 훗날 새로운 발견이나 발명에 결정적인 역할을 하는 모습을 흔히 볼 수 있습니다.

헬레니즘 수학은 실용적인 측면이 훨씬 강했어요. 그러한 실용성 덕분에 펌프, 활차, 쐐기, 도르래, 톱니바퀴 같은 정밀한 장치들도 발명할 수 있었지요.

초기 이집트 시대의 지식은 대부분 성직자들의 말로만 전달되었습니다. 반면에 헬레니즘 시대에는 파피루스로 만든 책을 통해 자유롭게 전파되었지요. 그중에서 수학은 문명의 토대를 건설하는 데 매우 중요한 위치를 차지했어요.

헬레니즘 문화의 영향으로 사람들은 수학을 삶으로 가져와 실용적인 문제들에 적용했습니다. 오늘날 현대 과학을 통해 밝혀진 사실들 가운데 상당수가 이미 수천 년 전에 발견되었다가 중세 시대에 사라진 것들이에요. 지구가 둥글다는 사실도 그중 하나지요. 고대 기하학자들은 간단한 삼각 측량만으로 지구 둘레를 기막힐 정도로 정확히 측정할 수 있었답니다.

알렉산드리아 도서관 관장이었던 에라토스테네스는 헬레니즘 시대에 활약한 지식인이었어요. 그는 지구 둘레를 측정하거나 넓은 땅의 면적을 재는 방법을 고안했고, 달력을 만들기도 했어요. 그렇다면 당시에는 지구 둘레를 어떻게 측정했을까요?

에라토스테네스는 이집트의 시에네(지금의 아스완)로 여행

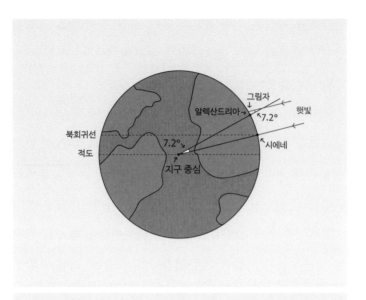

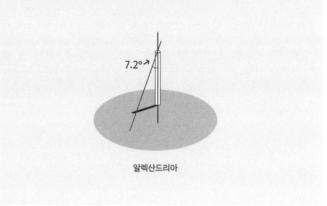

에라토스테네스의 지구 둘레 측정

갔다가 하짓날 정오에 태양이 머리 꼭대기에 오는 지점을 발견했습니다. 이곳에서는 막대기를 수직으로 세워도 그림자가 생기지 않았지요. 오늘날 지도에서는 이곳을 '북회귀선'이라고 해요.

에라토스테네스는 알렉산드리아에서도 하짓날 정오에 막대기를 세워 봤습니다. 그랬더니 막대기 뒤에 그림자가 생겼고, 그 각도를 재 보니 7.2도였어요. 그는 시에네와 알렉산드리아에 비치는 태양 광선이 평행하다고 가정하면 두 도시와 지구 중심과의 각도 또한 같을 거라고 추론했습니다. 이러한 사실과 추론에 따라 지구 둘레를 측정할 수 있었지요. 그가 측정한 지구 둘레는 실제 지구 둘레인 약 3만 9,960킬로미터와 거의 차이가 나지 않았어요. 에라토스테네스가 지구 둘레를 재는 데 사용한 도구라고는 막대기 두 개와 각도기 하나뿐이었답니다.

아라비아 숫자

모든 사람에게 통하는

숫자가 있다면?

오늘날 우리가 사용하는 아라비아 숫자는 인도에서 발명되어 아라비아를 통해 유럽에 전해졌습니다.

기원전 4세기경 있었던 알렉산더의 정복 전쟁을 통해 인도인들은 이집트와 바빌로니아, 그리스 수학을 접하게 되었습니다. 5세기경 인도인들은 그리스와 비슷한 자신들의 숫자 체계를 바빌로니아 방식으로 바꾸었습니다. 다만 바빌로니아의 60진법과 달리 인도인들은 10진법 체계를 사용했지요.

현재 쓰고 있는 10진법 숫자는 바로 약 2,000년 전의 인도에서 시작된 거예요. 그런데 인도 숫자가 아라비아로 전해지며 아라비아 번역본으로 전파되었고, 아라비아 번역본은 라틴어로 다시 옮겨져 유럽으로 전해졌어요. 이때 라틴어 번역본에는 아라비아어판이 원전이라고 밝혀져 있었어요. 이것이 우리가 인도 기원의 숫자를 아라비아 숫자라고 부르게 된 이유입니다. 오늘날 우리가 사용하는 숫자 체계가 표준화된 것은 1442년 요하네스 구텐베르크가 서양 최초로 활판 인쇄술을 발명하고 나서랍니다.

도형에서 벗어난 숫자

인도의 숫자 체계는 매우 편리했습니다. 그래서 주판의 도움 없이도 덧셈, 뺄셈, 곱셈, 나눗셈을 손쉽게 할 수 있었습니다. 인도 숫자에 숙달된 사람은 주판을 다루는 사람보다 계산을 더 빨리 해낼 정도였지요. 중세 시대의 한 화가는 이러한 주판과 숫자의 대결을 판화 작품으로 표현하기도 했어요.

하지만 인도 숫자의 진정한 의미는 단지 계산이 빠르다는 것에 있지 않았습니다. 그보다는 숫자가 기하학에서 해방되었다는 사실이 더 의미 있었지요. 그리스인들과 달리 인도인들은 제곱수를 정사각형으로 생각하지 않았어요. 또한 서로 다른 두 수의 곱을 직사각형의 넓이로 생각하지도 않았고요. 그 대신 인도인들은 숫자들 사이의 연관성에 주목했어요. 이로부터 오늘날의 대수^{algebra}가 탄생하게 된 것이지요.

주판과 숫자의 대결을 그린 1508년의 판화

숫자가 도형에서 해방되자 이제는 계산이 갖는 기하학적 의미 때문에 고민하지 않아도 되었습니다. 예를 들어 2제곱미터의 땅에서 3제곱미터의 땅을 빼면 얼마가 남는지 알 수 없지만, 2에서 3을 빼지 못할 이유는 전혀 없었지요. 우리는 2에서 3을 빼면 -1이 된다는 것을 알고 있습니다. 그러나 고

TIP

음수

음수는 중국에서 처음 등장했습니다. 중국의 가장 오래된 수학책으로 알려진 《구장산술》을 보면 양수와 음수에 대한 이야기가 나와요. 중국에서는 동양사상의 기본이 되는 음양론 덕분에 일찍부터 음수를 이해할 수 있었습니다. 우리나라 태극기에도 음양이 조화를 이루고 있지요. 태극기의 파랑 부분은 달과 음을 뜻하며, 빨강 부분은 해와 양을 상징해요.

중국인들은 음수와 양수를 이용해 연립일차방정식을 풀 수 있었습니다. 그런 반면 고대 그리스 수학자 디오판토스는 답이 음수면 방정식을 풀 수 없다고 생각했지요. 인도에서는 갚아야 할 빚의 개념으로 음수를 사용했고, 7세기경 인도의 수학자 브라마굽타는 음수의 사칙연산에 관한 책을 남기기도 했어요. 음수 개념은 8세기경 아라비아를 거쳐 12세기경 유럽에 전해졌습니다. 사칙연산 기호 가운데 +와 −는 이탈리아의 수학자 레오나르도 피보나치가 처음 사용했다고 해요.

아라비아 숫자

대에는 그렇게 명확한 개념이 아니었어요. 방정식을 풀 때 음수가 나오면 그 답이 무의미하다고 여겼답니다. 기하학적으로 넓이가 음수가 된다는 것이 무슨 의미일까요? 고대 그리스인들에게는 아무런 의미가 없었답니다.

존재하지 않는 수, 0의 발견

21세기의 시작은 2000년일까요, 아니면 2001년일까요? 이런 해묵은 논쟁은 100년을 주기로 계속 되풀이됩니다. 만약 중세의 수도승들이 0을 알기만 했어도 그토록 혼란스럽지 않았을 것입니다. 사실 중세 시대에 수학을 공부한 사람들은 기독교 수도승들이었어요. 당시 그들은 두 가지 이유 때문에 수학이 필요했지요. 하나는 돈을 정확히 세야 했고, 또 하나는 시간에 맞춰 기도를 해야 했기 때문이에요.

그들은 돈을 셀 때 작은 돌 같은 것을 움직여서 계산하는 셈판을 이용했습니다. 이를테면 주판과 같은 것이었지요. 주판을 다루려면 수학을 알아야 했어요. 기도를 위한 시간과 날짜를 정확히 아는 데도 수학이 필요했습니다. 당시에는 하루를 시작하고 마감할 때의 기도가 달랐어요. 시간에 따라 사용하는 기도문도 달랐고요. 오늘날 정오를 뜻하는 영어 noon은 중세 성직자들의 '한낮의 기도'를 뜻하는 nones에서 온 것입니다. 부활절 예배 같은 각종 축일을 기념하려고 해도 날짜를 정확히 알아야 했어요.

고대에는 0이 없었기 때문에 달력은 1년부터 시작되었습니다. 예를 들어 서기 1년에 태어난 사람은 서기 2년에 서양 나이로 1살이 되고, 3년에는 2살이 됩니다. 100년에는 99살이 되고, 101년이 되어야 비로소 100살이 되지요. 따라서 두 번째 세기는 101년에 시작됩니다. 세 번째 밀레니엄(천년)은 2001년에 시작되는 것이고요. 이론적으로는 그렇지만 사실 우리는 2000년에 들어서면서 뉴밀레니엄을 자축했지요. 그러니까 우리는 1년 먼저 새로운 밀레니엄을 자축한 셈이에요.

기원전 300년경 바빌로니아에서는 0과 비슷한 의미의 자릿수를 나타내는 기호를 사용했습니다. 0은 그 왼쪽에 있는 숫자에 따라 의미를 갖는 자릿수일 뿐 숫자가 아니었기 때문에 아무런 값을 갖지 않았어요. 지금도 우리는 0이 그 자체의 값을 갖고 있다는 것을 알면서도 단순히 자릿수를 표시하기 위해 사용하는 경우가 있지요.

전화기의 다이얼이나 컴퓨터 키보드에 있는 숫자 키들을

보세요. 0은 원래 자기 자리인 1의 앞이 아니라 9 뒤에 오지요. 0은 그 자체로 고정된 값을 가지며, 양수와 음수를 구분해 줘요. 0은 직선 위의 -1과 1 사이에 놓여 있지요. 그런데도 우리는 항상 1부터 세기 때문에 0은 전화기 다이얼의 맨 밑에, 그리고 키보드 숫자 키의 맨 끝에 놓이는 것입니다.

0은 다른 숫자들과는 달리 이상한 속성을 갖고 있습니다. 0이 아닌 숫자의 경우, 어떤 숫자에 그 자신을 더하면 숫자가 바뀌지요. 예를 들어 1에 1을 더하면 2가 되고, 2에 2를 더하면 4가 되잖아요. 그런데 0에 0을 더하면 여전히 0입니다. 뺄셈에서도 마찬가지입니다. 1에서 0을 빼더라도 여전히 1이지요. 곱셈에서는 어떨까요? 어떤 수에 0을 곱하면 그 숫자를 파괴해 하나의 점으로 만듭니다. 0은 크기가 없고 실체도 없지만, 곱셈과 나눗셈에서는 모든 숫자를 0이나 무한대로 만들어 버리지요.

기하학 위주의 그리스 수학에는 숫자와 도형 사이의 엄격한 구분이 없었습니다. 하나의 수학적 정리를 증명하는 것은 하나의 그림을 그리는 것처럼 간단하기도 했지요. 앞에서도 말했지만 숫자 1은 점을, 2는 선분을, 3은 삼각형을, 4는 사각형을 의미했습니다. 그러면 0은 어떻게 생긴 도형일까요? 그리스인들에게 0은 존재하지 않는 수나 마찬가지였습니다.

그리스를 비롯한 서양에서 0을 거부하게 된 것은 0에 대해 몰랐기 때문이 아닙니다. 숫자와 도형을 동일시하는 수학 체계 때문도 아니었어요. 0에는 서양과 기독교의 교리와 모순되는 두 가지 개념이 있었기 때문이에요. 0은 서양의 기본적인 믿음에 위배되는 숫자였습니다. 훗날 오랫동안 서양 사상을 지배한 아리스토텔레스 철학을 파괴한 것은 바로 무^無와 무한^{無限} 같은 0의 존재를 전제로 하는 개념들이었어요.

당시 0의 존재에 굴복할 수밖에 없게 한 유명한 일화가 있습니다. 바로 그리스 철학자 제논 호 엘레아가 제시한 '제논의 역설'이에요.

제논은 기원전 490년경 페르시아 전쟁이 시작될 무렵 태어났습니다. 당시 소아시아 지역의 패권을 장악한 페르시아는 20만이 넘는 대규모 병력을 이끌고 그리스를 침략했습니다. 그리스는 마라톤 전투에서 적은 병력으로 수많은 페르시아군을 물리쳤지요. 하지만 그리스 철학은 '제논의 역설'에 굴복할 수밖에 없었습니다. 그것은 바로 0의 존재 때문이었어요. 제논의 논리적 수수께끼는 거의 2,000년 동안 철학자와 수학자 들을 괴롭혔어요.

그리스 철학자들은 제논의 역설이 잘못되었다는 것을 뻔

히 알았습니다. 하지만 제논이 제시한 수학적 논리에서 아무런 오류를 찾아내지 못했어요. 논리는 완벽한데 거기서 잘못된 결론이 나온 것이었지요. 어떻게 그럴 수 있을까요?

제논의 역설에서 문제가 되는 부분은 바로 '무한'입니다. 제논은 연속적인 동작을 무한한 수의 작은 걸음으로 나누었어요. 무한은 매우 신중하게 다루어야 하지만, 역설적이게도 0의 도움이 없다면 결코 이해할 수 없어요.

그리스인들에게는 없던 0이 바로 제논의 수수께끼를 푸는 열쇠입니다. 무한 개수의 항들을 모두 더하면 무한한 값이 될 거라고 생각하기 쉽지요. 하지만 무한 개수의 항들이 0에 접근하면 유한값이 나오는 경우가 있습니다. 아킬레스와 거북이의 경주가 바로 그 경우예요. 그리스인들은 0을 몰랐기 때문에 종착점이 있다는 것을 이해하지 못했습니다. 아킬레스가 달린 거리를 모두 더하면 숫자 1에서 시작해 1/2, 1/4, 1/8……처럼 항들이 점점 작아져 0에 가까워져요. 이처럼 일정한 규칙에 따라 배열되는 수를 우리는 '수열'이라고 부릅니다.

$$1 + \frac{1}{2} + \frac{1}{4} + \frac{1}{8} + \frac{1}{16} + \cdots\cdots = 2$$

아킬레스가 달린 거리를 모두 합하면 겨우 2미터에 불과합니다. 실제로는 그저 두 걸음만 성큼 내디뎌도 거북이를 이길 수 있는 거리지요. 비록 거기까지 가기 위해 무한한 수의 걸음을 내디뎌야 하지만, 아킬레스가 거북이를 추월하는

제논의 역설

제논은 '아킬레스와 거북이의 경주'를 통해 아킬레스가 아무리 빨리 달려도 먼저 출발한 거북이를 절대 앞지를 수 없다고 주장했습니다. 구체적인 숫자를 통해 이 문제를 이야기해 볼까요? 아킬레스는 1초에 1미터의 속도로 달리고, 거북이는 그 절반의 속도로 달린다고 가정해 봐요. 다만 거북이는 아킬레스보다 1미터 앞서 출발했어요.

아킬레스는 빠른 속도로 달려서 단 1초 만에 거북이가 처음 있던 곳까지 도달했습니다. 그런데 거북이도 달리고 있었으므로 그보다 2분의 1미터만큼 앞섰지요. 아킬레스는 다시 2분의 1초 만에 2분의 1미터를 따라갑니다. 하지만 거북이도 같은 시간에 4분의 1미터만큼 또 앞서 나갔지요. 아킬레스는 4분의 1초 만에 다시 거북이를 쫓아갔지만, 거북이는 또 8분의 1미터만큼 앞섰습니다. 아킬레스와 거북이 사이의 거리는 가까워졌지만, 아킬레스가 아무리 달려도 거북이는 항상 그보다 앞에 있지요. 따라서 아킬레스는 결코 거북이를 따라잡을 수 없습니다.

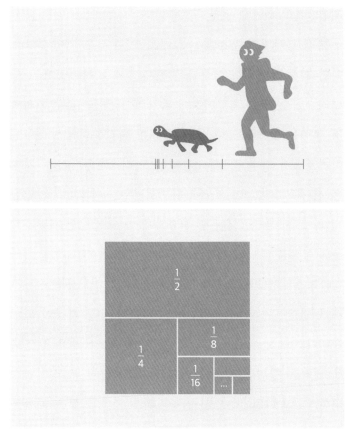

아킬레스는 결코 거북이를 앞지를 수 없다고 주장한 제논의 역설

시간은 단 2초밖에 걸리지 않습니다.

그리스 시대의 우주에는 무한도 없고 무도 없었습니다. 다만 지구를 둘러싼 아름다운 천체만 있을 뿐이었지요. 당연히 지구는 우주의 한가운데 위치했습니다. 이러한 기하학적 우주는 알렉산드리아의 천문학자 클라우디오스 프톨레마이오스에 의해 완성되었습니다. 아리스토텔레스는 "자연은 진공을 싫어한다"고 주장함으로써 0을 인정하지 않았습니다. 또한 "무한을 사용할 필요가 없다"고 선언함으로써 제논의 역설을 간단히 피해 갔지요.

아리스토텔레스의 철학 사상은 신의 존재를 증명하는 문제와 밀접한 연관이 있었기에 기독교의 중심 사상이 되었습니다. 아리스토텔레스의 제자였던 알렉산더 대왕은 영토를 넓히는 한편 스승의 교리를 전파하는 데도 열심이었습니다. 그는 기원전 323년 갑작스러운 죽음을 맞을 때까지 멀리 동쪽 인도에 이르는 광활한 지역으로 아리스토텔레스의 철학을 전파했어요.

알렉산더 대왕의 침략으로 인도인들은 바빌로니아의 숫자 체계와 0의 자릿수 개념을 배우게 되었습니다. 기원전 2세기경 로마가 그리스를 점령했지만, 로마의 힘은 과거 알렉산더 제국의 영토였던 동쪽까지 미치지 못했습니다. 그 결과 인도는 기독교의 등장과 로마제국의 붕괴, 그리고 아리스토텔레스 철학으로부터 거의 영향을 받지 않았지요.

서양의 우주와는 달리 인도의 우주는 크기가 무한했습니다. 우주 밖에는 수없이 많은 다른 우주가 존재했지요. 무는 힌두교에서 중요한 위치를 차지했습니다. 인도 철학에서 가장 기본적인 개념인 '아트만atman'은 가장 작은 원자보다 작고, 광활한 우주보다 큰 것으로 여겨졌습니다. 인간의 자아를 상징하는 아트만은 우주의 어디에든 있으며, 동시에 어디에도 없는 무한한 영혼입니다. 그것은 무한인 동시에 무를 상징하지요.

인도 숫자를 언급한 최초의 문헌은 시리아의 어느 주교가 쓴 글입니다. 7세기경 인도의 수학자 브라마굽타는 숫자와 숫자를 나누는 법칙을 만들었는데, 이때 음수가 처음으로 등장했습니다. 그러나 그는 $0 \div 0$과 $1 \div 0$이 무엇인지에 대해서는 말하지 않았습니다. 그 자신도 몰랐기 때문이지요. 그 후 12세기 인도의 수학자 바스카라 2세는 '분모가 0인 분수는 무한한 양'이라고 정의했습니다. 이로써 0은 자릿수를 표시하는 기호로 시작해 그 자신만의 값을 가진 숫자가 되었답니다.

훗날 0은 아라비아 숫자로서 이탈리아 상인을 비롯한 유럽인 들의 삶에 스며들었습니다. 12세기 이탈리아 상인들은 이집트와 시리아 상인 들에게 정향, 후추, 계피 같은 향신료를 사서 유럽의 왕실과 귀족들에게 엄청난 가격에 팔았습니다. 그 덕분에 베네치아, 제네바, 밀라노 등지의 상인들은 많은 부를 축적했지요.

이처럼 지중해 무역이 호황일 때 십자군 전쟁이 일어난 것은 결코 우연이 아니었습니다. 당시 유럽의 교황과 왕들은 예루살렘 성지를 탈환해야 한다며 원정 전쟁을 일으켰지만, 한편으로는 황금알을 낳는 지중해 무역으로 돈을 벌려는 욕심도 있었던 것입니다. 결과적으로 수많은 사람과 자본이 몰려들면서 이탈리아 피렌체 같은 금융도시들이 발달하게 되었지요.

이탈리아 상인들은 지중해 무역과 십자군 전쟁을 통해 비잔틴 문명과 이슬람 문명을 만났습니다. 하지만 그보다 더 중요한 만남은 그들의 잊혀진 과거, 즉 고대 그리스와 로마 문화와의 만남이었지요. 그들은 시민들이 정치에 참여했던 그리스, 로마 문화를 접하는 한편, 무역과 전쟁으로 축적한 부를 이용해 봉건 영주들에게 자유를 샀습니다. 이탈리아의 자유도시들은 이렇게 해서 탄생한 것입니다.

피보나치가 유럽에 아라비아 숫자를 소개했을 때 이탈리

아 상인과 금융업자 들은 재빨리 새로운 체계를 받아들였습니다. 이전에는 주판 같은 셈판으로 계산을 했는데, 아라비아 숫자로 계산하는 것이 훨씬 빨랐기 때문이지요.

이탈리아 각 지역의 공국에서는 숫자들이 변조되기 쉽다는 이유로 아라비아 숫자의 사용을 금지했어요. 그러나 0을 비롯한 아라비아 숫자의 편리함을 포기하기란 쉽지 않았지요. 이탈리아 상인들은 계속 아라비아 숫자를 이용했고, 심지어 숫자를 사용한 암호 편지를 주고받기도 했어요.

그리스 시대에는 수와 도형, 순수 논리를 통해 질서 정연한 우주를 창조했습니다. 당시 우주는 유리수 체계 위에 세워졌으며, 아리스토텔레스 철학은 기독교와 결합해 신의 존재를 증명했지요. 하지만 0을 포함한 아라비아 숫자가 유럽에 전파되면서 상황이 바뀌었어요.

수의 세계는 무리수를 포함한 실수로 확장되었습니다. 이는 다시 허수를 만들어 냄으로써 복소수의 영역까지 확장되었지요. 수학자와 물리학자 들이 미적분으로 0을 논리적 틀에 가둬 놓았지만, 0은 다시 열역학으로 그 틀을 깨뜨렸어요. 양자역학과 상대성이론은 0으로 우주를 설명하려 했지만, 0은 다시 빅뱅과 블랙홀의 수수께끼만 남겨 놓은 채 사라졌어요. 우리가 진정으로 0을 이해할 수 있다면 시간의 시작부터 우주의 종말에 이르기까지 모든 것을 지배하는 물리 법칙을 알게 될지도 모릅니다.

시간은 왜 시, 분, 초로 구분할까?

시간은 과거에서 미래로 향하는 화살과 같을까요? 시간에는 시작과 끝이 있을까요? 우주가 만들어지기 전에는 무엇이 있었을까요? 시간은 사건의 연속에 불과한 것일까요, 아니면 독자적으로 존재하는 것일까요? 약 1,600년 전 초기 기독교 시대의 신부 성 아우구스티누스는 이 문제에 재치 있는 견해를 보여 주었습니다. "아무도 나에게 시간이란 무엇인지 묻지 않는다면 나는 그것을 안다. 하지만 누군가에게 설명하라고 한다면 나는 모른다고 말할 수밖에 없다."

오늘날 우리는 시간을 시, 분, 초로 쪼갤 수 있는 추상적인 양으로 생각합니다. 하지만 중세 말기까지 시간은 자연이나 일상생활의 리듬 속에 나타나는 특정한 어떤 것으로 여겨졌습니다. 낮과 밤의 길이에 따라 달라지는 시간은 사실 살아가는 데 별 문제가 아니었습니다. 노동의 단위는 시간이 아니라 달력의 날짜 수에 따라 결정되었으며, 일은 보통 해가 뜰 무렵에 시작해서 해 질 무렵 끝났으니까요.

고대인들은 시간을 태양과 별의 움직임처럼 주기적으로 반복되는 순환 개념으로 받아들였습니다. 초기 문명의 역사를 보면 대부분의 나라에는 창조와 파괴, 재창조로 이어지는 신화가 있지요. 고대 그리스의 피타고라스학파와 스토아학파는 영원회귀설을 믿었습니다. 인간은 다시 태어나도록 운명 지어졌고, 똑같은 사건들이 되풀이해서 일어난다고 생각했지요. 영원회귀설을 거부한 아리스토텔레스조차 역사는 주기적으로 반복되고 시간은 순환적인 것이라고 믿었습니다.

반면에 현대인들은 시간을 과거와 미래를 잇는 선형적인 개념으로 이해합니다. 선형적인 시간 개념은 어느 정도 기독교의 영향을 받은 것입니다. 초기 성서 기록자들은 천지창조가 특정한 시점에 일어났으며, 역사적인 사건들은 그 자체로 중요한 의미를 갖는다고 강조했습니다. 초기 기독교의 부흥에 큰 영향을 미쳤던 성 아우구스티누스에 따르면, 역사는 천지창조의 6일과 더불어 6단계로 나뉠 수 있다고 합니다. 즉 천지창조와 노아의 홍수, 아브라함에서 다윗, 바빌론 포로 시대, 예수의 탄생, 마지막으로 최후의

심판에 이르기까지 시간은 일직선으로 이어진다고 하지요. 이와 같은 시간 개념은 서양의 사상과 문명 발달에 큰 영향을 미쳤습니다. 그리하여 역사의 진보와 생명의 진화라는 개념을 낳았지요.

1년은 365일, 52주, 12개월입니다. 하루는 24시간, 1,440분, 8만 6,400초입니다. 시간과 관련해서 결코 변하지 않는 사실이 세 가지 있습니다. 그것은 바로 지구의 자전, 달의 공전, 지구의 공전이에요. 이 세 가지는 우리가 사용하는 달력에서 가장 기본적인 사항으로 하루, 한 달, 한 해를 결정하지요.

우리가 지금까지 하루도 빼놓지 않고 경험하는 사건은 해가 뜨고 지는 것입니다. 일출과 일몰은 지구가 자전축을 중심으로 하루에 한 바퀴씩 돌기 때문에 일어나는 현상입니다. 지구가 자전함으로써 해와 달과 별들이 뜨고 지는 것이지요. 지구는 그 자체로 가장 오래된 시계라고 할 수 있습니다. 따라서 하루는 지구가 자전축을 중심으로 한 바퀴 도는 시간이라고 정의할 수 있어요.

그런데 지구의 자전축이 고정되어 있지 않기 때문에 하루의 길이가 매일 달라지는 것입니다. 실제로 지구의 자전 속도가 점차 느려져서 하루의 길이가 조금씩 길어지고 있지요. 약 4억 년 전 바다 속의 산호 화석을 분석한 결과 당시의 하루는 겨우 21시간이었습니다. 산호에는 나무처럼 나이테가 있는데, 이를 통해 계산한 1년은 약 410일이었어요. 당시 지구에 살았던 생명체들은 매년 410번의 일출과 일몰을 보았을 것입니다.

우리는 일상생활에서 하루를 뜻하는 '날'이라는 단어를 두 가지 의미로 사용합니다. 날이란 어둠에 반대되는 밝음을 나타내기도 하며, 낮과 밤을 합한 시간의 길이를 말하기도 하지요. 달력에서 사용하는 하루의 개념은 후자에 해당합니다.

그런데 하루의 시작은 나라와 문화마다 다릅니다. 이집트와 그리스에서는 일출을, 바빌로니아와 아랍에서는 일몰을 하루의 시작으로 삼지요. 한편 우리나라를 비롯한 동아시아에서는 한밤중, 즉 자시子時(밤 11시부터 새벽1시까지)를 기준으로 하루가 바뀐다고 봅니다. 이 가운데 가장 편리한 것은 동아시아처럼 한밤중을 하루의 시작으로 정하는 방식이에요. 하지만 유럽에서는 16세기 이후 천문학자 니콜라우스 코페르니쿠스에 이르러서야 현재와 같은 하루 체계가 자리 잡게 되었습니다.

그런데 하루는 왜 24시간일까요? 천문학이 발달한 이집트에서는 밤이 되면 12개의 별이 연속해서 떠오르는 것을 보고 밤을 12등분하고, 낮도 똑같이 12등분했습니다. 그렇게 해서 24시간을 하루로 삼게 되었지요.

원의 성질을 살펴보면 다른 추측이 가능해집니다. 고대인들이 가장 정확히 작도할 수 있었던 각도는 60도였습니다. 정삼각형을 그리면 한 각이 60도가 나오기 때문이지요. 그들은 임의의 각을 이등분하는 방법을 알았어요. 60도를 이등분하면 30도, 그것을 다시 이등분하면 15도가 나온다는 것을 알았지요. 그런데 360도인 원에는 15도가 24개 들어 있어요. 즉 원 주위의 한 점을 기준으로 15도씩 나누어 쪼개면 스물네 번 만에 제자리로 돌아오게 되지요. 따라서 이집트인들은 지구를 중심으로 태양이 15도씩 움직이는 각도를 단위시간으로 해서 하루를 24시간으로 정하게 되었답니다.

시, 분, 초 개념은 확실히 바빌로니아의 숫자 체계에서 나온 것입니다. 바빌로니아인들은 60진법을 사용했기 때문에 1시간을 60분, 1분을 60초로 정했는데, 이 또한 원의 성질과 잘 맞아떨어져요. 현재는 세슘 원자가 방출하는 빛의 진동수를 1초로 정해 사용하고 있습니다. 그런데 하루의 길이는 조금씩 달라지므로 실제 지구의 하루와 맞추기 위해 약 3년마다 2초씩 윤초(세계가 공통으로 사용하는 세계시와 실제 시각의 오차를 맞추기 위해 더하거나 빼는 1초)를 두고 있지요.

그동안 인류는 정확한 달력을 만들기 위해 꾸준히 새로운 계산법을 만들면서 달력 체계를 수정해 왔습니다. 그런데 새로운 달력 체계와 그 시행에 따른 혼란 속에서도 변함없이 지속된 것이 있는데요, 바로 일주일이라는 단위입니다. 하루나 한 해와는 달리 일주일은 아무런 영향을 받지 않았습니다. 그 이유는 자연현상과는 상관없이 인위적으로 만든 시간 개념이기 때문이지요.

일주일의 기원은 잘 알려져 있지 않습니다. 다만 달의 차고 이지러짐을 관찰해서 나온 것으로 추정해요. 즉 초승달, 상현달, 보름달, 그믐달을 기준으로 한 달을 4주로 나누어 각각 일주일로 삼은 것입니다. 현재 우리가 사용하는 일주일은 7일이지만 처음에는 그렇지 않았어요. 손가락으로 셀 수 있는 편리한 숫자인 5일을 일주일로 삼았답니다. 그래서 바빌로니아인들은 두 달을 12주, 1년을 72주로 나누고 360일을 한 해로 정했습니다.

오늘날 일주일이 7일이 된 것은 이집트인들이 태양과 달, 그리고 다섯 개의 행성 이름을 붙여 요일을 정한 데서 유래합니다. 일주일의 명칭은 그 후 4세기경 로마인들에게 전해져 현재까지 이어지고 있습니다. 한편 마야와 아즈텍 문명에서는 20일과 30일을 일주일로 사용했으며, 18세기 말 프랑스에서는 10일을 일주일로 삼은 달력을 만들어 선포하기도 했습니다(그런데 휴일이 10일마다 돌아오는 것에 불만을 품은 대중의 반발로 곧 폐지되었다죠).

오늘날의 달력이 있기까지

태양은 낮과 밤을 가르고 사계절을 구분하게 해 줍니다. 그런데 태양의 일출과 일몰은 우리에게 너무나 짧은 시간을 알려 주는 반면, 1년은 너무 길어서 그 시간을 정확히 잴 수 없지요. 그래서 태양 이외에 시간을 구분하는 다른 기준이 필요했어요. 바로 달이었지요. 모든 고대 문명에서는 달이 변하는 모양에 따라 달력을 만들어 사용했습니다. 달은 태양과 달리 눈에 쉽게 보이고 모양의 변화가 뚜렷했거든요.

바빌로니아에는 농사에 편리한 태양력이 있었습니다. 그러나 통치와 종교상의 이유로 달의 움직임에 따른 태음력을 사용했습니다. 태음력을 사용하면 왕과 제사장들이 더 많은 재물을 거둬들일 수 있었거든요. 태음력은 354일로 태양력의 365일보다 11일 짧습니다. 그래서 태음력을 사용할 경우 약 2.75년이 지나면 한 달치 세금을 더 걷을 수 있었지요. 또한 달은 농사를 주관하는 신 바알Baal을 상징하니 태음력을 사용하는 게 더 타당해 보였어요.

태음력의 단점은 무엇일까요? 바로 윤달을 자주 도입해야 하고, 한 달에 3일 정도는 달의 모습이 거의 보이지 않는다는 것입니다. 새로 뜨는 달은 지구와 태양 가운데 자리해서 보이지 않고, 하루이틀이 지나서야 간신히 초승달의 모습을 볼 수 있지요. 그리고 태음력에서는 한 달이 되기까지, 즉 보름달에서 다시 보름달이 되기까지 29.5일이 걸립니다. 그래서 음력에서는 29일과 30일을 교대로 해서 한 달로 삼는 것이에요.

고대 이집트의 달력은 순수한 의미에서 태양력이라고 할 수 있습니다. 달의 움직임과 무관하고 윤년도 없는 달력이니까요. 이집트인들은 기원전 6000년경부터 태양력을 사용했습니다. 순수한 태양력이 이집트에서 만들어진 계기는 나일강의 범람이라는 특수한 상황에 있었습니다. 에티오피아 고산지대의 눈이 녹아 흐르고 이때쯤 몬순 장마가 겹치면 나일강의 수위가 급격히 올라가면서 여름이 시작되었습니다. 홍수는 비옥한 진흙을 상류에서 옮겨 와 나일강 삼각주에 쌓았지요. 이처럼 나일강이 1년마다 정기적으로 범람하면 농부들은 파종을 시작했습니다.

오랜 경험을 통해 이집트인들은 다음 홍수가 올 때까지 평균 365일이 걸린다는 것을 알았습니다. 하지만 365일을 같은 조각으로 나누는 것이 쉽지 않았어요. 그래서 자투리를 떼어 내고 1년을 360일로 정했지요. 이런 점에 착안해서 원을 360도로 나누었고, 이 개념을 오늘날까지 그대로 사용하는 것입니다. 이집트인들은 나머지 5일로는 열세 번째 달을 만들어 축제를 하고 제사를 지내며 보냈어요.

고대 로마에서는 태음력을 사용하다 보니 달력과 계절이 맞지 않을 때가 많았습니다. 이를 맞추기 위해 대제관이 임의로 윤달을 정했지만 계산이 맞지 않아 혼란스럽기 짝이 없었습니다. 이러한 혼란 속에서 대대적으로 탄생한 달력이 바로 율리우스력입니다. 기원전 49년 로마에서는 가이우스 율리우스 카이사르와 그나이우스 폼페이우스 마그누스가 권력을 잡으려고 맞서고 있었습니다. 그러다 수세에 몰린 폼페이우스는 이집트 알렉산드리아로 달아났고, 카이사르도 곧 그를 뒤따라갔지요. 그런데 폼페이우스가 이집트 군인들에게 암살당하면서 카이사르는 이집트 왕위 계승 전쟁에 휘말리게 되었습니다. 전쟁에서 이긴 카이사르는 클레오

파트라를 이집트 여왕으로 임명하고 개선장군이 되어 로마로 돌아왔어요.

권력을 잡은 율리우스 카이사르는 혼란스럽기 짝이 없는 달력을 단번에 뜯어고쳤습니다. 기원전 45년 그는 모든 옛 달력의 사용을 금지하고 알렉산드리아 최고의 천문학자인 소시게네스의 조언에 따라 새로운 달력을 만들었는데, 그 달력의 이름이 바로 '율리우스력'입니다.

율리우스력에는 크게 세 가지 특징이 있었습니다. 첫째, 1년을 365와 4분의 1일로 정했어요. 둘째, 4년마다 하루를 더해 366일이 되는 윤년을 만들었어요. 셋째, 355일에서 365일로 늘어난 열흘을 열두 달 안에 다시 배치했어요. 카이사르는 로마 축제와 관련해서 한 달을 30일이나 31일로 다시 만들었는데, 이 규칙은 오늘날까지 계속 적용되고 있지요.

초기 기독교의 축일은 새로운 달력에 따라 정해졌습니다. 기독교의 전파는 곧 율리우스력의 전파를 의미했지요. 기독교 교회는 예수가 태어난 해를 원년으로 삼아 햇수를 세는 새로운 전통을 탄생시켰어요. 그것이 바로 오늘날까지 사용하고 있는 기원紀元의 개념이에요.

율리우스력은 오늘날의 달력보다 약 11분 14초가 더 깁니다. 그보다 100년 앞서 그리스 천문학자 히파르코스가 측정한 1년은 우리가 아는 것과 겨우 5분밖에 차이가 나지 않았습니다. 카이사르는 달력을 좀 더 단순하게 만들기 위해 1년의 평균 일수를 365.25일로 삼았습니다. 그런데 이 작은 차이가 쌓여 16세기 르네상스 시대에는 오차가 무려 10일이나 생겨났답니다. 그래서 원래는 3월 21일이어야 할 춘분이 열흘이나 앞당겨지게 되었어요. 춘분 뒤 보름달이 뜨고 난 첫 일요일은 부활절로, 기독교 국가였던 로마에서 매우 중요한 날이었습니다. 그런데 부활절이 다가왔지만 사람들은 예배를 드릴 수가 없었어요. 사용하는 달력이 서로 달라서 부활절 날짜를 정확히 알 수가 없었거든요. 기독교도들은 1년이 365일로 되어 있는 로마의 양력 달력을 사용했습니다. 그러나 예수는 유대인이었고, 그 당시 사람들은 1년이 354일인 음력 달력을 사용했습니다.

일상생활에서는 양력을 쓰더라도 예수 생애의 중요한 사건들은 음력과 양력의 대조표를 사용해야 했습니다. 그런데 달력의 날짜들이 이리저리 왔다 갔다 해서 기념일이 언제 돌아오는지 예측하기가 어려웠지요. 부활절은 바로 그렇게 오락가락하는 기념일이 되었답니다. 마침내 로마 교회는 달력을 바꿔야 할 필요성을 절감하게 되었습니다. 그런데 새로운 역법漢法을 만들기 위해서는 정교한 수학이 필요했어요.

1543년 코페르니쿠스는 《천구의 회전에 관하여》라는 책을 통해 프톨레마이오스의 천동설이 틀렸다는 것을 증명했습니다. 그는 모든 천체가 지구 주위를 도는 게 아니라, 지구가 태양 주위를 돈다는 태양중심설을 주장했어요. 이에 따라 당시 역법의 문제점을 해결하기 위한 계산 과정을 자세히 설명했지요.

교회는 코페르니쿠스의 책을 공식적으로 비난하지는 않았습니다. 그러나 이 책은 사회적으로 강한 반발을 불러일으켰답니다. 신이 인간을 우주의 중심에 놓았다고 생각했던 16세기 성직자들은 코페르니쿠스의 관점을 신성모독으로 받아들였지요. 그렇지만 그레고리우스 13세는 결국 코페르니쿠스의 이론을 바탕으로 새로운 역법을 만드는 것을 허락해야만 했습니다. 그도 그럴 것이 코페르니쿠스의 계산이 반박할 수 없을 만큼 정확했거든요. 이렇게 율리우스력의 한계를 보완해 1582년 새롭게 만든 달력을 '그레고리력'이라고 합니다.

그레고리력은 계절과 달력을 일치시키기 위해 10일을 없애고 4년마다 윤년을 두었습니다. 다만 100년으로 나뉘는 해에는 윤년을 없애고, 400으로 나뉘는 해에는 다시 윤년을 만들었어요. 그래서 1700년, 1800년, 1900년은 윤년이 아니지만 2000년은 윤년이 되었답니다.

14세기경 시계가 발명되자 사람들은 처음으로 시간을 볼 수 있었습니다. 이때부터 시간은 시, 분, 초로 나뉘었고, 사람들은 시간에 따라 계획을 짜고 일을 하기 시작했어요. 그리고 시간은 서서히 독자적으로 존재하는 추상적인 양으로 변했답니다.

시간을 추상적으로 이해하는 새로운 능력은 16세기 과학 혁명을 촉진하는 데 중요한 역할을 했습니다. 이는 운동법칙을 기술하는 데 시간의 개념이 들어갔기 때문이에요. 예를 들어 이탈리아의 수학자이자 천문학자 갈릴레오 갈릴레이는 높은 곳에서 떨어지는 물체의 거리를 시간으로 나타냈어요. 뉴턴은 속도를 거리에 대한 시간의 미분으로 표현했습니다.

물리학은 불안정한 원자핵과 입자 들의 수명을 나타내는 극히 짧은 시간부터 우주의 진화라는 거대한 시간에 이르기까지 자연을 이해하기 위해 시간을 분석합니다. 특히 기술 공학과 금융을 비롯한 많은 분야에서 사용하는 미적분은 원래 운동의 시간적 변화를 알기 위해 발명된 수학 도구였지요.

20세기에 들어설 무렵, 우리는 시간을 의미하는 말 속에 '동시성'이라는 명사를 추가했습니다. 물리학자 알베르트 아인슈타인의 상대성원리에 따라 시간과 공간은 서로 분리될 수 없는 것이라고 생각하게 된 것이지요. 우리가 언젠가 시간을 제대로 이해할 수 있게 된다면 자연 속에 존재하는 인간의 본성을 파악하고 우리 자신의 모습을 들여다볼 수 있을지도 모릅니다.

좌표

위치를 수로

나타낼 수 있을까?

15세기 유럽은 오스만제국의 대대적인 침입을 받았습니다. 난공불락을 자랑하던 비잔틴제국의 수도 콘스탄티노플의 성벽은 우르반 대포를 맞고 처참히 무너지고 말았지요. 우르반 대포는 실로 엄청난 파괴력을 지닌 초대형 무기로, 오스만제국의 황제 메메트 2세가 헝가리의 무기 공학자 우르반에게 의뢰해 특수 제작한 것이었습니다. 우르반 대포를 비롯한 신무기 덕분에 메메트 2세는 콘스탄티노플을 함락하고 동로마제국을 멸망시킨 다음 아나톨리아반도와 발칸반도를 차례로 복속시킬 수 있었습니다.

이후 1480년 이탈리아반도를 침공했지만 격퇴당했고, 이로써 지중해 세계 전부를 아우르는 로마제국의 후계자가 되려던 메메트 2세의 꿈은 이루어지지 못했지요. 그렇지만 이후 오스만제국은 성장을 거듭해 16~17세기에 이르러 지브롤터해협에서 오스트리아 부근까지 아우르게 됩니다.

이처럼 새로운 무기의 등장은 전쟁의 판도를 바꾸면서 기사 계급의 몰락 등 유럽 사회의 변혁을 가속하는 촉매제로 작용했습니다. 이 같은 당시의 사회상으로 인해 중세 후기와 르네상스 시대의 예술가들은 건축가이자 공학자일 수밖에 없었습니다.

3차원 공간을 2차원으로, 원근법의 발명

르네상스를 대표하는 화가 레오나르도 다빈치도 건축가이자 공학자나 마찬가지였습니다. 다빈치의 공책에는 수많은 공학적 그림이 그려져 있었습니다. 그는 밀라노의 통치자였던 루도비코 스포르차의 후원으로 건축, 조각, 회화뿐만 아니라 공학을 비롯해 군사시설과 전쟁을 위한 기계 들을 설계했습니다. 심지어 대포알의 포물선운동 문제까지 해결해야 했지요. 그러한 임무는 당시로서는 아주 심오한 수학 지식을 필요로 했습니다. 다빈치의 저서 《회화론》 첫머리에 다음과 같이 쓰여 있을 정도였답니다. "수학자가 아닌 사람은 이 책을 읽지 마시오."

다빈치는 그림에서도 기하학, 해부학 등 수학과 과학 이론에 바탕한 작품들을 남겼습니다. 그의 유명한 그림 〈최후의 만찬〉을 감상해 볼까요?

"진실로, 진실로 내가 너희에게 말하노니 너희 가운데 한 사람이 나를 배신하리라." 예수의 말씀을 들은 열두 제자의 안색이 변하고 몸짓에서 긴장감이 느껴집니다. 제자들은 감정의 폭풍에 휘말려 자신의 무죄를 주장하는 다양한 몸짓을 취하고 있지요. 이런 감정의 파도는 예수 곁에 가까이 다

레오나르도 다빈치의 〈최후의 만찬〉. 기하학을 이용한 수학적 원근법은 르네상스 예술의 화려한 부활을 가져왔어요.

가갈수록 거센 풍랑을 일으킵니다. 멀리 떨어져 앉은 제자들에 비해 예수 곁에 앉은 제자들의 움직임이 더욱 격렬하게 느껴지지요. 그런 제자들의 반응은 아랑곳하지 않은 채 예수는 두 손을 식탁에 올려놓고 조용히 앉아 있습니다. 이렇게 〈최후의 만찬〉은 용서와 배신, 정적과 소란의 모습이 원근법과 기하학적 구도에 따라 절묘한 조화를 이룹니다.

　다빈치는 〈최후의 만찬〉을 통해 자신의 천재적인 예술성과 탁월한 과학성을 아낌없이 보여 주었습니다. 그림을 보는 사람은 마치 자신이 그림 속 공간에 있는 것 같은 착각에 빠져들 정도지요. 열두 명의 제자는 세 명씩 네 집단으로 나뉘어 예수 양쪽에 대칭으로 자리 잡고 있습니다. 다빈치는 예수를 더욱 부각하기 위해 그의 모습을 이등변삼각형 형태로 그렸습니다. 이런 의도적인 설계는 육체와 이성의 균형을 표현하기 위한 것이에요. 그리고 등 뒤쪽 창문에서 스며드는 빛은 예수의 모습을 더욱 크고 위엄 있어 보이게 만들어 주지요.

여기서 우리가 주목해야 할 점은 사실 다른 데 있습니다. 가만 보면 식탁은 수평선으로, 천장은 격자 형태로, 벽은 수직선으로 그려졌습니다. 교묘한 기하학적 배치에 따라 모든 관심이 예수의 머리 위 한 점으로 집중되지요. 우리는 이 점을 '소실점'이라고 부릅니다.

이처럼 화면에 극적인 긴장감을 연출할 수 있게 된 것은 르네상스 시대의 화가들을 사로잡은 원근법 덕분입니다. 다빈치는 소실점을 이용한 원근법의 대가였어요. 그리고 원근법의 핵심은 바로 기하학에 있습니다.

중세의 화가들은 기독교 사상과 교리를 장식하는 데만 열중했습니다. 그림 속에는 오직 예수와 마리아, 천사들만 존재했지요. 마치 현실 세계와 아무런 관련이 없다는 듯, 그림의 배경이 되는 자연은 인공적이고, 생명력이라고는 찾아볼 수 없었어요. 거리나 크기도 중요하게 여기지 않았습니다.

그래서 인물이나 물체가 서 있는 땅도 존재하지 않았고, 공간과의 관계가 무시되었지요.

중세 말이 되자 화가들은 유럽의 다른 사상가들과 마찬가지로 자연과 이성에 눈을 돌리기 시작했습니다. 캔버스에 그려진 인물이나 대상은 공간에 놓인 기하학적 물체들이지요. 따라서 현실 세계를 자연스럽게 묘사하기 위해서는 수학 지식이 어느 정도는 필요했습니다.

르네상스 화가들이 수학에 관심을 가지는 계기가 또 하나 있었습니다. 그들은 3차원 공간을 어떻게 캔버스로 옮겨 놓는가 하는 문제와 맞닥뜨렸습니다. 그리고 수학적 원근법이라는 새로운 체계를 창조함으로써 이 문제를 해결한 것입니다. 이전에 사용한 원근법은 사물의 크기와는 전혀 상관없이 특정 원칙에 따라 표현했어요. 예를 들어 이집트 벽화에서는 파라오를 가장 크게 그렸고, 왕비는 그다음이었고, 하인들은 그보다 훨씬 더 작았어요. 동일한 인물을 표현할 때도 측면과 정면을 동시에 묘사했지요.

원근법과 관련된 가장 오래된 자료는 아마도 고대 그리스의 수학자 유클리드가 쓴 《광학》일 것입니다. 그러나 시각을 최초로 정확하게 설명한 사람은 아랍의 수학자 이븐 알하이삼입니다. 알하이삼은 물체에서 빛이 반사되어 눈으로 들어온다는 사실을 밝혀 냈어요. 그는 자신의 발견을 그림에 적용하지는 않았지만 르네상스의 예술가들은 그것을 회화와 건축으로 풀어냈습니다.

중세와 르네상스 예술의 본질적인 차이는 3차원 공간을 표현하는 방법에 있었습니다. 초기의 원근법에서는 먼 곳에 있는 물체일수록 크기가 줄어든다는 개념이 없었습니다. 그래서 심각한 왜곡이 생길 수밖에 없었지요. 15세기에 들어서 화가들은 원근법을 사용할 때 기하학이 핵심이라는 사실을 깨달았습니다. 수학적 원근법 체계를 처음으로 만든 사람은 이탈리아의 건축가 필리포 브루넬레스키예요. 이탈리아 화가 조르조 바사리가 쓴 최초의 미술사인 《미술가 열전》에 따르면 '콜럼버스의 달걀' 일화는 브루넬레스키가 먼저 말했다고 해요.

피렌체에서 900년이나 된 산타 레파라타 성당이 점차 허물어지자 새로운 성당의 돔을 건설해야 했습니다. 당시 쌍벽을 이루었던 건축가는 브루넬레스키와 로렌초 기베르티였습니다. 두 사람이 내놓은 설계안을 두고 사람들의 의견은 분분했어요. 그때 누군가 매끄러운 대리석 위에 달걀을 세우는 사람한테 건축을 맡기자는 제의를 했습니다. 그러자 브루넬레스키는 달걀 한쪽 끝을 깨서 간단하게 달걀을 세

필리포 브루넬레스키가 건축한 피렌체 대성당. 그는 3차원 공간을 표현하는 원근법 체계를 발명했어요.

웠습니다. 사람들은 그런 것은 누구라도 할 수 있겠다며 실소를 날렸지요. 그러자 브루넬레스키는 이렇게 말했어요. "내 설계도를 본다면 물론 당신들도 할 수 있을 것입니다."

15세기 중엽 브루넬레스키가 건축한 피렌체 대성당은 지금까지도 웅장하고 아름다운 자태를 자랑합니다. 브루넬레스키는 수학적 원리를 통해 물체의 실제 거리와 그림에 나타나는 가시거리의 관계를 계산하는 도구를 발명했어요. 그는 평행선들이 한곳으로 수렴하는 소실점을 이용해서 그림을 남기기도 했지만 아쉽게도 사라져 버렸어요.

원근법에 관해 글을 쓴 예술가 가운데 가장 영향력 있는 사람은 독일의 화가 알브레히트 뒤러입니다. 뒤러는 좀 더 정확하게 원근을 표현하기 위해서는 빛과 그림자가 중요하다는 점을 강조했습니다. 또한 수학적 원리에 따라 원근법을 사용해야 한다고 주장했지요. 실제로 당시 르네상스 화가들은 원근법을 제대로 다룰 줄 몰랐어요.

르네상스 시대를 대표하는 미켈란젤로 부오나로티, 라파엘로 산치오 같은 예술가들은 수학을 예술에 적용하는 데 깊은 관심이 있었습니다. 때로는 작품에 과학적 요소를 드러내기 위해 재능과 열정을 아낌없이 활용했지요.

평면에 입체 공간을 담아내기 위한 예술가들의 노력은 오늘날에도 끊임없이 계속되고 있습니다. 2D로 촬영한 기존의 영화를 3D로 변형하는 '컨버팅'도 그런 작업 중 하나지요. 컨버팅은 시간과 비용 등의 제약으로 3D 영화를 새롭게 제작하기 어려울 때 사용하는 방법입니다. 3차원 영화 대부분은 이미 2D로 촬영된 영화 화면을 분해해 원근법에 따라 재구성하는 작업으로 이루어집니다.

이처럼 좀 더 사실적인 표현을 위한 인간의 노력은 원근법의 발명으로부터 한층 더 높은 단계로 나아가게 되었습니다. 최근 각종 매체에서 자주 접할 수 있는 가상현실도 르네상스 시대의 원근법이 없었다면 좀 더 먼 미래의 일이 되었을지 모릅니다.

지구는 우주의 중심이 아니다

영국의 수학자이자 철학자인 버트런드 러셀이 대중 앞에서 천문학 강연을 할 때의 일입니다. 러셀은 지구가 태양 주위를 돌고, 태양은 다시 우리은하라고 하는 엄청난 별들의 중심 주위를 돌고 있다고 설명했습니다. 그때 뒷자리의 한 노부인이 벌떡 일어나 따졌어요.

"당신 설명은 모두 쓰레기 같은 소리야. 내가 사실을 말해 주리다. 이 세계는 거대한 거북이 등에 얹힌 납작한 판이라오."

"그러면 그 거북이는 어디에 올라서 있나요?"

러셀이 웃으며 묻자 부인은 한심하다는 투로 대꾸했습니다.

"이봐요, 젊은 양반. 아니 그것도 모른단 말이오? 그 아래는 모두 거북이들이라니까, 글쎄!"

우주가 어떻게 생겼는지에 대한 논의는 옛날이나 지금이

나 많은 이의 관심사입니다. 특히 과거에 사람들은 하늘의 별을 관찰하는 것이 일상에서 중요한 일이었지요. 별의 움직임을 보고 계절의 변화와 시간의 흐름을 가늠했고, 그에 따라 농사를 짓거나 종교 행사도 치렀거든요.

17세기 초 갈릴레이가 지동설을 주장하기까지 사람들은 지구가 우주의 중심이라는 천동설을 믿었습니다. 그 이전에도 지동설의 증거를 내미는 학자들이 있었지만, 천동설을 뒤엎을 만큼 그 논리가 충분하지 못했지요.

플라톤과 아리스토텔레스를 비롯한 고대 사람들은 원이야말로 가장 이상적인 도형이라고 생각했습니다. 가장 완벽한 운동도 원운동이라고 여겼고요. 따라서 지구와 태양, 달을 비롯한 모든 행성은 둥근 형태이고, 하늘의 별들도 원을 그리며 돈다고 믿었습니다.

기원전 2세기의 천문학자 히파르코스도 원과 현에 대한 관심으로 천체를 관찰하기 시작했습니다. 그는 기하학의 단순한 정리들을 이용해 지구와 천체 모두에 적용할 수 있는 '삼각법'을 창시했습니다. 크기가 다른 두 개의 삼각형에서 두 각이 서로 같다면 우리는 그것을 '닮은꼴'이라고 부르지요. 만일 두 삼각형이 닮았다면 그에 대응하는 두 변의 길이의 비가 같게 됩니다. 히파르코스는 이러한 성질을 이용해 지구의 크기를 측정했고, 지구에서 달까지의 거리를 계산했습니다.

또한 그는 약 850개의 천체를 관찰해 그 위치 등을 나타낸 항성표를 만들었습니다. 하지만 행성의 움직임을 관찰하고 도표로 만드는 것과 천체들의 운동 원리를 찾아내는 것은 별개의 문제였지요. 그의 이론은 이후 프톨레마이오스의 천동설을 확고히 하는 데 밑바탕이 되어 주었습니다.

그리스 천문학은 140년경 프톨레마이오스의 저서 《알마게스트》에서 절정에 이르렀습니다. '프톨레마이오스의 천동설'이라 부르는 그의 우주 모형에는 지구가 중심에 놓여 있고, 그 주위를 태양과 달, 그리고 다섯 행성과 별들이 회전하고 있지요. 그리고 행성들은 다시 천구면에서 각각의 좀 더 작은 원을 그리며 회전하고 있습니다.

르네상스 시대 이전까지는 아리스토텔레스의 자연과학과 프톨레마이오스의 천문학이 중세를 지배했습니다. 기독교의 중심 교리는 자연스럽게 프톨레마이오스의 천동설과 맞아떨어졌지요. 기독교의 중심 교리란 인간은 신이 창조한 피조물 가운데 가장 중요하며, 우주는 인간을 위해 특별히 설계되었다는 것입니다.

또한 교회 입장에서 볼 때 천구 바깥쪽에 천국과 지옥의 자리를 만들 수 있으므로 매우 유리한 체계였습니다. 이런 이유로 그 외의 어떠한 천문학적 주장도 이단으로 받아들 여졌지요. 실제로 이탈리아의 수도사 성 브루노는 우주가 무한하고 태양계를 비롯해 수많은 세계가 존재한다고 주장 했다가 화형을 당했습니다.

중세 유럽의 몰락을 가져온 첫 번째 계기는 그리스 문명의 재발견입니다. 중세 후반인 15세기경 비잔틴, 즉 동로마 제국의 중심지인 콘스탄티노플에 거주하던 그리스 학자들은 투르크족의 침입으로 이탈리아에서 피난처를 찾았습니다. 이를 계기로 그리스 시대의 작품들을 직접 라틴어로 번역하는 것이 가능해졌지요.

마찬가지로 도시와 상인 계급의 성장 역시 르네상스 부활에 커다란 영향을 미쳤습니다. 상인들은 물질적인 부를 추구하며 자유를 요구했습니다. 15세기부터는 부의 축적을 위한 지리적 탐험들이 줄을 이었지요. 대표적으로 이탈리아의 탐험가 크리스토퍼 콜럼버스가 아메리카 대륙을 발견했고, 아프리카를 경유해 중국에 이르는 항로를 발견했습니다. 이는 결과적으로 인간의 지평을 확대했을 뿐 아니라 삶의 방식에 관한 많은 지식을 유럽에 가져다 주었지요.

16세기에는 과학적인 사고의 획기적인 전환이 이루어졌

습니다. 그 중심에는 코페르니쿠스와 케플러, 그리고 덴마크의 천문학자 튀코 브라헤가 있었습니다. 당시 아리스토텔레스의 운동 개념은 그 어느 때보다 큰 저항과 비판에 직면해 있었어요.

태양계의 움직임을 설명하기 위해 프톨레마이오스가 도입한 주전원(큰 원의 둘레 위에서 회전하는 작은 원)은 지구를 중심으로 태양과 달, 기타 행성들을 연관 지었기 때문에 복잡해질 수밖에 없었습니다. 코페르니쿠스는 태양이 중심에 놓여 있고 지구와 다른 행성들이 함께 태양 주위를 회전한다고 가정하면 대부분의 주전원이 필요 없어질 거라고 했습니다. 실제로 프톨레마이오스의 복잡한 체계는 77개의 원이 필요했는데, 코페르니쿠스의 태양중심설에는 31개만 있으면 되었지요. 코페르니쿠스의 태양중심설은 그로부터 한 세기가 지난 후 브라헤와 케플러, 갈릴레이 등에 의해 비로소 빛을 보게 됩니다.

관찰 능력이 탁월했던 브라헤는 30년 동안 천문학에 관계된 자료를 철저히 수집하며 방대한 양의 관측 기록을 남겼습니다. 1599년 브라헤의 조수로 일하기 시작한 케플러는 1601년 브라헤의 갑작스런 죽음으로 그가 남겨 놓은 자료를 떠맡게 되었습니다. 케플러는 천체를 수놓은 별들의 수학적 형태에 매료되어 행성의 운동에서 일정한 유형을 찾아내는 데 거의 평생을 바쳤어요.

케플러는 브라헤의 자료를 이용해 화성의 궤도를 도출했습니다. 그는 수백 쪽에 이르는 계산 과정을 '화성과의 전쟁'이라고 표현했습니다. 일치하지 않는 부분이 두 가지 있었지만, 그 외에는 관찰 결과와 원형 궤도가 잘 맞아떨어졌지요. 케플러는 이 결과에 만족하지 않고 사소한 차이를 꼼꼼하게 계산해서 행성의 궤도가 원이 아닌 타원이라는 결론을 내렸습니다. 더 나아가 모든 행성에 적용되는 법칙 두 개를 추가로 만들었지요.

케플러의 첫 번째 법칙은 '타원궤도의 법칙'입니다. 풀이하자면 모든 행성은 태양을 초점으로 하는 타원 궤도를 그리면서 공전한다는 것입니다. 이것은 과학 역사상 최초로 물체의 운동에 물리법칙이 적용된 예라고 해요. 움직이는 물체를 지배하는 법칙과 수학 사이의 놀랄 만한 연관성을 보여 주지요. 두 번째는 '면적속도 일정의 법칙'입니다. 즉 태양 주위를 도는 행성은 태양에 가까울수록 빨리 돌고 멀리 떨어질수록 늦게 돈다는 것입니다.

케플러가 찾아낸 행성의 운동법칙 가운데 유난히 눈에 띄는 또 하나의 법칙이 있습니다. 그는 행성이 태양을 한 바퀴 도는 데 걸리는 시간과 태양까지의 거리에서 매우 특이한 유형을 발견했어요. 즉 어떤 행성에서 태양까지의 거리를 세제곱한 다음, 그 숫자를 한 바퀴 도는 데 걸리는 시간의 제곱으로 나누면 항상 같은 숫자를 얻을 수 있다는 거예요. 이것은 태양 주위를 도는 모든 행성에 적용되는 보편적인 법칙이에요.

그런데 케플러가 살던 당시의 유럽은 정치적, 종교적으로 혼란기에 접어들고 있었습니다. 구교인 가톨릭과 신교인 프로테스탄트의 갈등과 대립이 있었고, 여러 왕조 간의 적대 관계와 영토 분쟁도 있었는데 이는 30년 전쟁으로 이어졌지요.

1618년부터 시작된 30년 전쟁은 로마 가톨릭 교회와 개신교 사이에 벌어진 최후의 종교 전쟁이자 최초의 국제 전쟁이었습니다. 전쟁의 시작은 비록 종교 갈등이었지만, 각국의 영토와 이해관계가 얽히면서 동맹과 적대 관계를 반복하는 강대국 사이의 권력 다툼으로 변질되었어요.

유럽의 혼란은 케플러가 심은 과학의 새싹을 짓밟고 말았습니다. 하지만 그 씨앗은 영국으로 옮겨져 활짝 꽃을 피웠지요. 영국은 내전 중이면서도 뉴턴과 같은 과학자들이 자유롭게 연구할 수 있는 안정된 분위기를 유지하고 있었거든요.

　지브롤터해협에서 프랑스 함대를 격파한 영국 함대는 1707년 본국을 향해 배를 돌렸습니다. 당시 함대를 이끈 총사령관은 클라우데슬리 셔블 경이었지요. 셔블 경의 함대는 어느덧 영국 남서부 끝자락, 섬들이 징검다리처럼 흩어져 있는 실리제도 부근까지 오게 되었습니다. 하지만 심한 안개 탓에 그들은 자신들이 어느 위치에 와 있는지 정확히 알지 못했어요. 안개를 뚫고 북상하던 중 그들은 끔찍한 사실을 알게 되었습니다. 바로 경도를 잘못 계산한 것이었지요. 총사령관은 자신의 해군 경력을 통틀어 최악의 판단 착오를 저질렀다는 것을 깨달았습니다.

　사실 안개 속을 헤매던 몇 시간 전에 한 선원이 다급히 총사령관을 찾아왔었습니다. 자기 나름대로 줄곧 함선의 위치를 계산해 보고 있었는데 방향이 잘못된 것 같다고 알린 것이었지요. 그런데 당시 영국 해군은 병사들이 본분을 벗어나 항로를 따지는 것을 금지하고 있었어요. 이러한 규정을 그 선원도 물론 알고 있었고요. 하지만 그의 계산에 따르면 워낙 엄청난 위험이 닥칠 판국이라 목숨을 걸고 장교들에게 알린 것이었지요. 계산의 옳고 그름을 떠나서 사령관은 그 자리에서 하극상의 죄목으로 그를 교수형에 처하고 말았어요.

그로부터 얼마 지나지 않아 사령관이 탄 함선이 암초에 부딪혔어요. 4분쯤 후 승선자 650명 전원이 배와 함께 가라앉고 말았습니다. 뒤이어 다른 두 척의 함선도 똑같은 운명을 맞이했어요. 나머지 한 척은 약간 뒤늦게 가라앉았고요. 불과 몇 분 사이에 네 척의 전함이 차례로 암초를 들이받았어요. 2,000명 가까운 선원들 가운데 불과 26명만 살아남은 대참사였지요.

뱃사람들이 경도를 알 수 없었던 당시에는 이런 비극적인 사고가 종종 벌어졌습니다. 경도를 모르는 탓에 항해 기간도 길어질 수밖에 없었지요. 바다에서 보내는 기간이 길다 보니 선원들은 괴혈병이라는 무서운 질병에 시달려야 했어요. 경제적 손실 역시 엄청났고요.

17세기 말에는 자메이카와의 교역에서만 연간 300척 가까운 배들이 영국과 서인도제도 사이를 오갔습니다. 화물선 중에서 단 한 척만 잃어도 그 손실은 어마어마했지요. 따라서 상인과 선원 들은 어떻게 해서든 경도를 정확히 측정하는 방법을 찾아야만 했어요.

150년경 천문학자이자 지도 제작자인 프톨레마이오스는

스물일곱 장의 지도에 임의로 선들을 표시했습니다. 이때 그는 적도를 위도가 0인 선으로 잡았습니다. 적도는 임의로 선택한 것이 아니라 천체의 움직임을 관찰해서 적도를 정한 조상들의 선례를 따른 것이었어요. 적도에서는 태양과 달과 행성들이 거의 수직에 가깝게 머리 위를 지나가지요. 역시 위도인 북회귀선과 남회귀선도 태양의 위치에 따

TIP

위도와 경도

위도는 기후와 밀접한 관련이 있습니다. 보통 적도에 가까워질수록 뜨거운 열풍이 불지요. 기후라는 말은 원래 '지역 또는 지방'이라는 그리스어에서 유래했는데, 여기에는 나름의 이유가 있는 셈이에요. 우리가 날씨를 나타낼 때 사용하는 '온대'나 '열대'라는 단어들도 위도에 따른 지역의 구분이지요.

경도는 본초자오선, 즉 경도가 0이라는 상상의 선을 기준으로 동쪽과 서쪽을 나눈 것입니다. 적도를 기준으로 삼는 위도와 달리, 경도는 마땅한 기준이 없어서 아무런 의미가 없었어요. 그리스의 지리학자들은 저마다 다른 본초자오선을 사용했는데, 프톨레마이오스가 선택한 곳은 아프리카 서북쪽의 카나리아제도였어요. 그 후 본초자오선은 여러 곳을 옮겨 다니다 1884년 국제지리학회의에서 영국 런던의 그리니치시를 지나는 자오선으로 정해졌답니다.

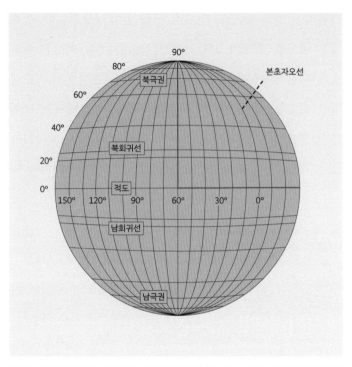

위도는 천체의 움직임을 이용해서 자연스럽게 결정되었지만, 경도는 기준선이 없어 시계가 발명되기까지 제자리를 찾지 못했어요.

라 정해졌어요. 태양이 이 선들의 북쪽과 남쪽 경계선을 지나기 때문이에요.

유능한 뱃사람들은 낮의 길이, 태양의 높낮이, 그리고 잘 알려진 별의 위치를 보고 위도를 판단했습니다. 1492년 콜럼버스도 대서양을 횡단할 때 직선 항로를 따라 아메리카 대륙에 도착했습니다. 그러나 경도를 측정하는 일은 시간에 따라 결정됩니다. 바다에서 경도를 알아내려면 배가 위치한 곳의 시각과 출발한 지점의 항구, 그리고 이미 경도를 알고 있는 한곳의 시각을 동시에 알아야 해요. 이렇게 각각의 시각을 알면 그 시간 차이를 거리로 환산할 수 있습니다.

지구는 자전축을 중심으로 회전하면서 태양 둘레를 도는 거대한 시계라고 할 수 있습니다. 지구가 자전하며 완전한 한 바퀴를 도는 데는 24시간이 걸리지요. 그러므로 1시간은 1회전의 24분의 1, 즉 15도에 해당합니다. 경도 15도라는 수치는 곧 배가 항해한 거리이기도 합니다. 적도를 기준으로 지구의 둘레는 약 4만 킬로미터입니다. 따라서 경도 15도의 차이는 1,600킬로미터의 거리에 해당하지요. 그러나 적도로부터 남쪽이나 북쪽으로 갈수록 그 거리는 짧아져요. 지구는 평면 위의 지도가 아니라 사과처럼 둥글기 때문이지요.

1714년 영국 의회는 경도법을 제정했습니다. 경도 문제에 대한 해결책을 제시하는 사람에게는 2만 파운드의 상금을 내리겠다고 했습니다. 오늘날의 화폐가치로 따져도 엄청난 거금이었지요. 영국의 무명 시계공 존 해리슨은 이 문제를 탐구하는 데 일생을 바쳤습니다. 결국 그는 뉴턴조차 불가능하다고 생각했던 경도 문제를 해결하는 데 성공했답니다. 항상 정확한 시간을 가리키는 항해용 시계를 무려 40년에 걸쳐 발명한 것이었지요. 그는 4차원의 시간을 2차원 공간인 시계에 압축해 지구의 각 지점을 하나로 연결했습니다.

경도를 찾는 과정에서 과학자들의 생각을 뛰어넘는 중요한 발견들이 이루어지기도 했습니다. 예를 들어 지구의 무게를 처음으로 계산한다거나, 지구에서 별까지의 거리나 빛의 속도 등을 측정할 수 있게 되었답니다.

누워서 좌표를 발견한 데카르트

30년 전쟁이 발발하자 프랑스 철학자 르네 데카르트도 군대에 입대했습니다. 1619년, 그가 속한 바바리아 대공의 군대는 다뉴브강의 제방에서 겨울을 나고 있었습니다. 생각이 많았던 데카르트는 그날도 막사 침대에 누워 세계의 본질, 삶의 의미 등에 대해 공상을 하고 있었어요. 그때 막사 천장에 파리들이 윙윙거리며 날아다녔지요.

천장을 바라보던 그는 문득 파리의 위치를 한 쌍의 숫자로 표시할 수 있겠다는 생각이 들었어요. 결국 한 쌍의 수가 평면 위에 있는 점의 위치를 정확히 결정할 수 있다는 사실을 알아냈지요. 이로써 '직교좌표계(데카르트 좌표)'가 생겨나게 된 것입니다.

믿기 어렵겠지만 이 단순한 개념은 수학의 발전에 일대 혁명을 일으켰습니다. 바로 '해석기하학'이라는 강력한 곡선 이론을 탄생시킨 것이지요. 이를테면 데카르트는 기하

TIP

직교좌표계

수평선과 수직선이 교차하는 좌표계를 말합니다. 직교좌표계에서 가로선은 x축, 세로선은 y축이라고 하며, 두 개의 축이 만나는 지점을 '원점'이라고 부릅니다. 94쪽 상단에 그려진 직교좌표계를 한번 볼까요? 여기서 그림에서 A라고 표시된 점은 x좌표가 3, y좌표가 4이므로 간단히 (3, 4)라는 순서쌍으로 나타낼 수 있습니다. 이제 원점을 기준으로 반지름이 5인 원을 그린 다음, 원 위에 있는 (3, 4)라는 점을 생각해 보아요. 이 점은 피타고라스 정리에 의해 $3^2+4^2=5^2$을 만족한다는 사실을 알 수 있습니다. 사실 이 원 위에 있는 점들을 (x, y)라는 순서쌍으로 나타내면 모든 점들이 $x^2+y^2=5^2$을 만족하지요. 여기서 우리는 $x^2+y^2=5^2$이라는 대수방정식이 반지름이 5인 원으로 표시된다는 것을 알 수 있습니다.

위치를 수로 나타낼 수 있을까?

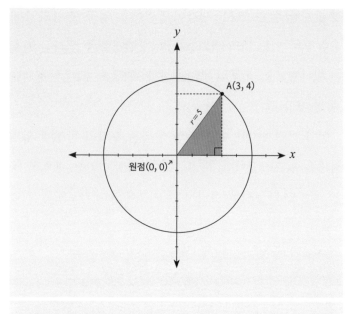

$$z^2 = x^2 + y^2$$

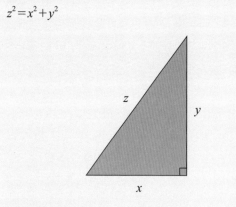

직교좌표계는 대수학과 기하학을 통합해 해석학이라는 새로운 분야를 탄생시켰어요.

학을 대수방정식으로, 또는 대수방정식을 기하학으로 나타
내는 방법을 발견한 것입니다. 그는 자신의 철학을 담은 책
《방법서설》에서 이런 개념을 만들게 된 계기를 자세하게
밝혀 놓았습니다.

직교좌표계는 수학의 발전에 큰 영향을 끼쳤습니다. 후대
의 수학자들은 크든 적든 그에게 빚을 진 셈이지요. 직교좌
표계 개념은 거의 모든 것을 수학으로 체계화하는 데 중요
한 역할을 했습니다. 순수하게 수학적인 면으로 볼 때, 그동
안 완전히 별개라고 여겼던 대수학과 기하학을 통합해 수
학의 지평을 넓히고 해석학이라는 새로운 분야를 탄생시켰
지요.

우리가 사용하는 모든 그래프도 데카르트의 천재적인 개
념을 기초로 하고 있습니다. 예를 들면 주가의 등락이나 연
령별 인구 분포, 기후 변화 등 각종 통계 지표들이 직교좌표
계를 바탕으로 한 것이지요.

데카르트의 업적은 사실 수학보다는 철학적 방법론에서
더욱 빛을 발합니다. 고대 철학자들은 주로 신과 자연과 인
간의 상호 관계를 밝히려고 노력했습니다. 그리스 철학이
신과 자연의 관계를 다루었다면, 기독교 철학은 신과 인간
의 관계에 몰두한 나머지 자연을 소홀히 다루었습니다. 그

러다 데카르트에 의해 비로소 인간과 자연의 관계를 최우선으로 고려하기 시작했지요. 데카르트가 '근대 철학의 아버지'라고 불리는 이유입니다.

과학에 대한 데카르트의 끝없는 관심도 수학에서 거둔 성공 못지않게 중요합니다. 그는 과학을 나무에 비유했습니다. 형이상학을 뿌리, 물리학을 큰 줄기라고 하고, 여기서 역학, 의학, 윤리학이라는 세 개의 가지가 갈라져 나왔다고 여겼지요. 가지에 해당하는 세 개의 학문이 좀 의외인가요? 데카르트는 자신의 관심 분야였던 우주, 인체, 삶의 방식을 세 개의 가지에 비유한 것입니다.

16세기 르네상스 시대에 접어들어 고대 그리스·로마의 고전들이 라틴어로 번역되기 시작했습니다. 이런 책들은 한편으로는 지식의 풍요를 가져왔지만 지적인 혼란을 불러오기도 했습니다.

그리스 철학자 엠페도클레스는 세상이 물, 불, 흙, 공기라는 4원소로 이루어져 있다고 했습니다. 그런 반면 데모크리토스는 아주 작은 원자들로 구성되어 있다고 했고, 피타고라스는 세계의 근원을 수^{數}라고 했습니다. 도대체 누구의 말이 옳을까요?

한편 아리스토텔레스와 프톨레마이오스는 지구가 우주의

중심이라고 주장했습니다. 반면에 아리스타르코스는 지구가 태양 주위를 돈다고 주장했고요. 도대체 지구가 도는 것일까요, 아니면 태양이 도는 것일까요?

유럽의 사회적 혼란은 이러한 지적 혼란을 더욱 가중했습니다. 1517년 독일의 종교 개혁자 마르틴 루터는 가톨릭교회의 면죄부 판매를 비난하는 반박문을 교회 앞에 내걸었습니다. 그 후 정치적, 종교적 분쟁이 심해지면서 1618년 30년 전쟁이 발발했지요. 30년간이나 이어진 가톨릭과 프로테스탄트의 대립은 사람들의 이성을 황폐화했어요.

이런 혼란과 갈등 속에서 데카르트는 자신이 배운 모든 지식과 감각에서 나온 경험들을 의심하고 확실한 지식 체계를 세우고자 했습니다. 그동안 받아들여졌던 모든 학문과 상식, 그리고 외부 세계에 관한 지식을 불확실한 것으로 생각했지요. 심지어 육체적 감각을 통해 알고 있던 지식마저 믿지 않았어요.

그는 깨어 있는 상태와 잠들어 있는 상태를 구별할 확실한 증거가 없다고 주장했습니다. 그런데 모든 것을 의심하면 할수록 확실해지는 것이 하나 남았지요. 데카르트는 자신이 생각하고 있다는 점마저 의심했지만, 그 생각을 의심하는 또 다른 생각을 하는 자신을 발견했습니다. 모든 것을 의심했지만 끝내 의심할 수 없는 하나의 명백한 사실, 그 것은 바로 자신이 생각하고 있다는 사실이었지요. 그래서 "나는 생각한다. 고로 존재한다"라는 결론을 내리게 되었답니다.

데카르트는 이와 같은 불변의 진리를 주춧돌 삼아 자신이 부정했던 세계를 다시 세우기 시작했습니다. 그는 감각을 통한 인식에 의존하지 않고 수학이라는 언어로 물리적 세계를 나타낼 수 있다는 사실을 증명하려고 했습니다. 수학적 추론 과정과 방법은 인간이 얻을 수 있는 그 어떤 도구보다 강력한 지적 도구라고 믿었던 것이지요.

그는 먼저 기하학의 공리에서 출발해 정리를 이끌어 낸 추론과 연역적 방법에 따라 진리를 탐구하기 위한 규칙을 네 가지로 공식화했습니다. 첫째, 의심의 여지가 없는 진리에서 출발한다. 둘째, 까다로운 문제들을 좀 더 다루기 쉬운 작은 문제들로 나눈다. 셋째, 단순한 문제에서 복잡한 문제로 나아간다. 마지막으로 연역적 추론 단계들을 다시 점검하면서 다른 해결책은 없는지 살핀다.

데카르트는 철학을 통해 세계를 바라보는 새로운 방법을 제시했습니다. 데카르트의 철학적 사고에서 수학은 하나의 영감이었고, 어두운 바다에서 길을 안내하는 등대의 불빛이었어요. 그는 진리를 탐구하는 과정에서 수학적 방법의 본질과 가치를 세상에 알려 준 최초의 위대한 사상가였답니다.

원주율과 미적분

자연현상을 수학으로

풀 수 있을까?

원주율이란 원둘레와 지름의 비를 말합니다. 즉 원 지름이 1일 때 원둘레의 길이인 3.141592……가 바로 원주율입니다. 원주율의 가장 정확한 값은 2021년 스위스의 슈퍼컴퓨터를 통해 소수점 아래 약 62조 8,318억 자리까지 계산해 냈습니다. 하지만 원주율이 3.14라는 값만 알아도 사용하기에 무리가 없지요. 그런데 왜 슈퍼컴퓨터를 이용해 그토록 지루한 계산을 하는 것일까요? 그것은 새로운 슈퍼컴퓨터를 개발할 때 원주율 값 계산이 컴퓨터의 성능을 평가하는 척도가 되기 때문이랍니다.

원주율은 왜 계속 계산할까?

원주율을 이해하려는 인류의 노력은 기원전으로 거슬러 올라갑니다. 수학책 《아메스 파피루스》에는 다음과 같은 문장이 있습니다. "지름의 9분의 1을 잘라 내고 나머지로 정사각형을 만들 때 정사각형의 넓이는 원의 넓이와 같아진다."

기원전 200년경 그리스의 수학자 아르키메데스는 원에 접하는 정다각형의 둘레를 계산해 원주율 값이 223/71과 22/7 사이에 있음을 알아냈습니다. 원둘레는 원에 내접하는 다각형의 둘레보다 길고, 원에 외접하는 다각형의 둘레보다 짧다는 사실을 이용한 것이지요. 두 값을 평균하면 오늘날 우리가 사용하는 원주율 값 3.14를 얻을 수 있습니다.

중국과 인도에서도 실용적인 이유로 정확한 원주율 값을 계산했습니다. 중국의 수학자 유희는 263년 중국의 고대 수학책인 《구장산술》의 내용을 수정했는데요. 이 과정에서 그는 원에 내접하는 192개의 변을 가진 다각형을 이용해 원주율을 계산했습니다.

그러나 원주율 연구에 대한 진정한 영광은 5세기 중국의 천문학자 조충지에게 돌려야겠어요. 조충지는 변이 2만

4,576개인 다각형을 만들어서 소수점 아래 일곱째 자리까지 원주율 값을 얻어 냈습니다. 이는 지금까지 발견한 값과 비교해 단지 800만 분의 1퍼센트밖에 차이가 나지 않아요. 그 후 거의 천 년 동안 그보다 더 정확한 값은 나타나지 않았습니다.

16세기 후반, 드디어 좀 더 정확한 원주율 값이 나왔습니다. 프랑스의 법률가이자 수학자인 프랑수아 비에트는 원에 접하는 39만 3,216개의 변을 가진 다각형을 구해 원둘레를 계산했습니다. 그가 계산한 원주율 값은 소수점 아래 열째 자리까지 정확했어요. 그러나 그의 진정한 위대함은 무한개의 항을 곱해서 원주율 값을 나타냈다는 점입니다. 마침내 1596년에는 독일 수학자 루돌프 판코일렌이 아르키메데스의 방식으로 변의 개수가 320억이 넘는 다각형을 이용해 소수점 아래 서른다섯째 자리까지 계산해 냈습니다.

원주율 π는 소수점 아래 어느 자리에서도 끝나지 않습니다. 숫자들이 일정한 규칙 없이 무한히 이어지지요. 이러한 수를 우리는 '무리수'라고 부릅니다. 원주율을 계산해 소수점 이하 자릿수를 계산하는 노력은 여전히 계속되고 있습니다. 이러한 계산을 하는 이유는 무한히 이어지는 그 숫자 자체를 알아내고 싶어서가 아니에요. 그보다는 원둘레와 지름의 비처럼 단순한 것이 왜 그처럼 복잡한 방식으로 자신을 드러내는가를 알고 싶은 것이지요. 한마디로 지적 모험심 때문에 원주율에 대한 탐구를 계속해 나간다고 할 수 있어요. 산이 거기 있기에 세계 최고봉 에베레스트를 오르는 것처럼 π가 있기 때문에 그것을 탐구하는 것입니다.

원주율만큼이나 신비하고 단순한 아름다움을 보여 주는 숫자가 또 있는데, 바로 '황금분할'이에요. 다른 말로 '황금비'라고도 하지요. 황금분할에 대한 내용은 유클리드가 쓴 《원론》에도 나옵니다. 황금분할의 정의를 한번 볼까요?

선분 AB를 점 C로 나눌 때 두 선분의 비 AC/CB가 전체 선분 대 긴 선분의 비 AB/AC와 같으면 이를 황금분할이라고 한다.

수와 도형의 연관성에 주목한 피타고라스는 정오각형 속의 별 모양을 관찰하게 되었습니다. 그는 정오각형 속의 별이 제각기 숨겨진 의미를 지닌 수와 도형의 신비스러운 관계를 가장 잘 보여 준다고 생각했습니다. 오각형의 꼭짓점들을 연결하면 한 개의 별이 만들어지지요. 별 모양의 중심에는 또 하나의 오각형이 들어 있습니다. 작은 오각형의 꼭

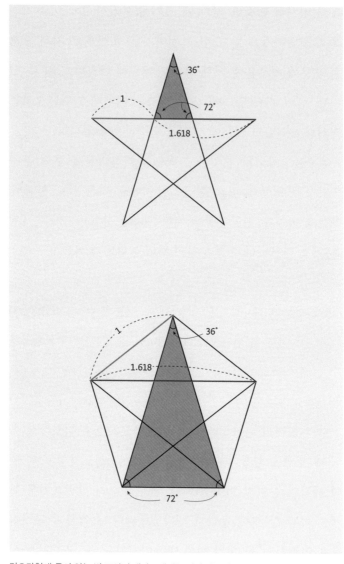

정오각형에 들어 있는 별 모양의 펜타그램에는 가장 아름다운 황금분할의 비율이 숨어 있어요.

짓점들을 연결하면 또 하나의 별이 만들어지고, 이 과정은 무한히 되풀이됩니다. 자기 복제가 끊임없이 되풀이된다는 사실이 흥미롭습니다. 하지만 여기서 피타고라스학파가 주목한 것은 자기 복제가 아니라 별 모양을 이루는 선에 숨어 있습니다.

106쪽 그림에서 보듯이 별을 이루는 삼각형 다섯 개는 밑변의 양 끝 각도가 모두 72도를 이루고 있습니다. 이것은 정오각형의 대각선들이 교차해서 만들어진 별이기 때문이지요. 이 별을 이루는 선들은 모두 1:1.618의 황금비로 나뉘어 있습니다. 또한 정오각형의 한 변과 그 대각선의 비도 1.618임을 알 수 있지요. 이것이 바로 우리가 가장 아름답고 이상적이라고 여기는 황금분할입니다.

꼭짓점이 다섯 개인 별 모양의 펜타그램은 옛날부터 신비로운 도형으로 여겨졌습니다. 원래 고대 그리스에서 펜타그램은 사랑의 신 비너스를 상징하는 문양이었지요. 하지만 시간이 지나면서 기독교 이후 서양에서는 악을 물리치는 도형으로 사용되기도 했습니다.

피보나치 수열에도 황금분할이 숨어 있습니다. 피보나치는 한 쌍의 토끼가 번식할 때 어떤 특정 규칙이 있을 거라고 가정한 다음 토끼의 개체 수가 증가하는 과정을 계산했습니다. 그 결과 각 세대를 구성하는 토끼의 수는 다음과 같았습니다.

$$1, 1, 2, 3, 5, 8, 13, 21, 34, 55\cdots\cdots.$$

여기서 각 항은 바로 앞에 있는 두 항의 합과 같습니다. 평범한 수열처럼 보이지만, 각각의 수와 그다음에 나오는 수의 관계를 살펴보면 재미있는 사실을 알 수 있습니다. 각 항을 바로 앞의 항으로 나누면 수가 조금씩 증가하면서 1.618이라는 황금분할에 수렴하지요.

우연치고는 너무 기묘한 이 숫자는 사실 수많은 자연현상에 숨어 있습니다. 식물 줄기의 가지 수, 가지 밑동에서 차례로 나는 잎의 수, 소라나 앵무조개의 나선 모양 등에서도 찾아볼 수 있지요. 뿐만 아니라 솔방울, 파인애플, 해바라기 씨앗의 나선 모양에서도 황금분할을 확인할 수 있습니다.

황금분할에 따른 자기 복제는 우주가 사물을 설계하는 가장 단순한 방법입니다. 앵무조개의 물리적 실체 뒤에는 숫자와 비율의 아름다운 조화가 있지요. 우리가 아직 우주를 제대로 이해하지 못하는 것은 어쩌면 이처럼 단순한 수의 유형을 알아차리지 못했기 때문은 아닐까요?

망원경으로 증명한 태양중심설

1604년 10월 9일 밤, 이탈리아 천문학자들을 깜짝 놀라게 한 일이 벌어졌습니다. 밤하늘에서 갑자기 밝게 빛나는 새로운 별이 나타난 것이지요. 같은 시기 프라하 왕실의 천문학자 케플러도 이 별을 보았습니다. 케플러는 이 별을 약 1년 동안 계속 관측했고, 그 결과를 책으로도 냈습니다. 훗날 '케플러 초신성'이라고 불리게 되는 이 별의 출현은 천문학계를 발칵 뒤집어 놓았습니다.

'근대 과학의 아버지' 갈릴레이가 살았던 1600년대는 고대 그리스의 학문이 여과 없이 계승되던 시기였습니다. 아리스토텔레스의 우주관에 따르면 하늘에서 일어나는 모든 변화는 달 안쪽에서만 일어나고, 저 멀리 붙박이별이 있는 천구는 아무런 변화가 일어나지 않는 곳이라고 여겼습니다. 그런데 감히 범접할 수 없는 천구에서 새로운 별이 나타난 것이었지요.

불변의 천구라는 개념은 1572년에 이미 금이 가기 시작했습니다. 브라헤도 별의 폭발을 관찰했는데, 오늘날에는 이 별을 '튀코 초신성'이라고 부르지요. 이런 사건들이 아리스토텔레스의 우주관을 뒤흔들어 놓았습니다. 하지만 우주를 바라보는 시각에 획기적인 전환을 가져온 것은 관찰이나 이론적 추론이 아니었어요. 바로 볼록렌즈와 오목렌즈를 이용한 망원경이 시각의 전환을 가져왔지요. 최초의 망원경은 1608년 네덜란드에서 안경점을 운영하던 한스 리퍼세이가 두 개의 렌즈를 조합해서 만들었다고 해요.

갈릴레이는 아주 멀리까지도 내다볼 수 있는, 배율이 높은 망원경을 만들어 냈습니다. 하지만 그의 진정한 위대함은 망원경의 제작보다는 망원경을 활용한 방법에서 찾을 수 있습니다. 다른 사람들이 항구에서 멀리 떨어진 배를 찾거나 건물 옥상을 살피는 동안 갈릴레이는 하늘로 시선을 돌렸습니다. 그는 달의 표면이 매끄러운 구가 아니라 곳곳에 상처가 난 것처럼 분화구와 산맥들로 이루어졌다는 사실을 발견했습니다. 또한 목성 주위에 네 개의 위성이 돌고 있으며, 은하수가 수많은 별로 이루어져 있다는 사실도 발견했습니다.

아리스토텔레스의 학설에서는 달이 지구 주위를 돌기 때문에 지구가 태양 주위를 도는 것이 불가능하다고 주장했습니다. 어떻게 서로 다른 두 개의 중심축이 있을 수 있느냐는 것이었지요. 그러나 목성의 위성이 발견됨으로써 태양 주위를 공전하는 행성도 위성이 있을 수 있다는 사실이 증명되었습니다. 갈릴레이는 금성의 위상 변화를 관찰함으로써 코페르니쿠스의 태양중심설, 즉 지구가 태양 주위를 돈다는 사실을 확신하게 되었어요.

갈릴레이는 신이 수학이라는 언어로 자연을 설계했다고 생각했습니다. 그리고 가톨릭교회에서는 신이 《성경》의 지은이라고 했습니다. 이에 따르면 수학과 성경은 신의 위대함을 보여 주는 서로 다른 징표라고 볼 수 있지요. 그런데 수학을 토대로 천체를 과학적으로 설명한 이들은 성경에 대한 모독죄, 불경죄를 뒤집어쓰고는 했습니다.

신학자들에 따르면 참된 의미와 생각은 오직 교회만이 판단할 수 있는 것이랍니다. 따라서 거룩한 성경을 자의적으로 판단하거나 왜곡해서는 안 된다는 것이지요. 그런데 1543년 코페르니쿠스는 《천구의 회전에 관하여》라는 책을 통해 태양중심설을 주장했습니다. 그러자 신학자들은 그 내용이 성경과 모순된다는 이유로 그를 이단이라고 몰아세웠습니다. 훗날 갈릴레이가 지동설을 주장했을 때도 교회는 반기를 들었습니다. 그 이유는 지구를 우주의 중심에서 내몰았기 때문이 아니었어요. 단지 갈릴레이가 성경을 해석할 수 있는 교회의 권위에 도전했다는 이유였지요.

사실 종교와 과학의 갈등은 인간의 가장 근본적인 고민

가운데 하나로, 역사 이래 끝없이 이어져 왔습니다. 앞에서도 언급한 바벨탑에서부터 천동설과 지동설, 창조론과 진화론, 오늘날의 낙태와 안락사, 인간 복제 문제에 이르기까지 우리는 곳곳에서 신에 대한 인간의 도전, 혹은 신의 이름을 빌려 벌이는 억압 등을 목격할 수 있습니다. 과연 해결책은 없는 것일까요? 한 가지 확실한 것은 신과 과학은 아직 정확히 알 수 없는 미지의 영역에 속한다는 점입니다.

자연현상을 수학 법칙으로 풀다

갈릴레이는 1609년 천체망원경을 제작해 천문학 발전에 일대 혁명을 일으켰습니다. 그로부터 40년이 지난 2009년은 국제 천문학의 해로 지정되었지요. 갈릴레이를 역사에 길이 남을 과학자로 만든 것은 무엇일까요?

갈릴레이가 일으킨 과학혁명을 한마디로 요약하면, 자연을 설명하는 언어로 수학을 사용했다는 점입니다. 아리스토텔레스 사상은 자연을 질적으로 설명하는 데 만족했습니다. 그러나 갈릴레이는 기하학적 모형과 수학적 관계를 통해 우주의 언어를 해독하는 실마리를 제공했지요. 그는 자신의 책에서 다음과 같이 수학과 우주의 관계를 묘사했습니다.

철학은 우리 눈으로 일찍이 본 적 없는 우주라는 위대한 책에 쓰여 있다. 그러나 그 내용을 이해하려면 우리는 먼저 책에 쓰인 언어를 익히고 등장인물의 특징을 파악해야만 한다. 그 언어는 수학이며, 등장인물은 원 같은 도형이다. 이를 모르고서는 인간의 힘으로 단어 하나도 이해할 수 없고, 어두운 미로를 헛되이 헤매게 될 뿐이다.

이제 갈릴레이의 업적을 자세히 살펴볼까요?

어떤 물체가 중력에 의해 아래로 떨어지는 운동을 '자유낙하'라고 합니다. 갈릴레이는 자유낙하로 떨어지는 물체의 거리가 시간의 제곱에 비례한다는 사실을 발견했습니다. 잘못 알려진 사실로 그가 피사의 사탑에 올라가 쇠공을 떨어뜨리는 실험을 했다는 이야기가 있는데요. 물론 사실이 아닙니다. 설령 실험을 했더라도 시간을 측정할 정확한 시계조차 없었던 시대였지요. 또 물체가 너무 빨리 떨어지기 때문에 시계가 있다 해도 제대로 측정할 수가 없었을 것입니다.

그 대신 갈릴레이는 완만한 경사면에 금속구를 굴리는 방법으로 간접 실험을 했습니다. 그 결과 구의 속도는 시간이

지남에 따라 일정한 비율로 증가했습니다. 속도가 증가하는 비율, 즉 가속도는 구의 무게나 크기에 상관없이 같았습니다. 그리고 경사면을 따라 굴러간 거리는 시간의 제곱에 비례한다는 사실을 알아냈어요. 아울러 그는 수평면을 굴러가던 구가 정지하는 이유는 수평면이 매끄럽지 않기 때문이라는 것을 발견했어요. 면이 매끄러울수록 구는 점점 더 먼 거리를 굴러갔지요. 만약 수평면이 완벽하게 매끄러워 마찰력과 공기저항이 없다면 구는 영원히 굴러가는데, 이것이 바로 '관성'의 개념입니다. 또한 경사면의 꼭대기가 지면으로부터 같은 높이에 있다면 구의 속도는 경사면의 길이에 관계없이 모두 같다는 사실을 밝혀냈습니다.

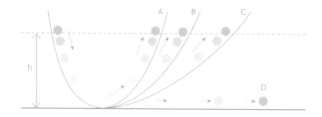

마찰력이나 공기저항이 없는 상태에서 구를 굴리면 항상 처음의 높이만큼 올라가며, 수평면에서는 관성에 따라 끝없이 굴러갑니다.

여기서 우리는 자유낙하 법칙에 관한 중요한 사실을 배울 수 있습니다. 즉 지면으로부터 같은 높이에서 물체를 떨어뜨리면 물체의 무게에 상관없이 같은 속도로 떨어진다는 점입니다. 당시에는 아리스토텔레스가 주장한 "무거운 물체는 가벼운 물체보다 빨리 떨어진다"는 관념이 오랜 정설로 굳어져 있었어요. 갈릴레이의 위대한 점은 과학을 철학적 추론으로부터 벗어나게 하는 동시에 실험과 관찰을 통해 과학의 튼튼한 기초를 쌓았다는 데 있습니다.

고대 그리스와 중세의 학자들은 물체가 왜 아래로 떨어지는지 설명하는 데만 집중했어요. 그리고 설명은 항상 그럴듯한 목적에 꿰맞춰 이루어졌습니다. 이를테면 하늘에서 비가 내리는 이유는 농작물에 물을 주기 위해서이고, 농작물은 인간에게 먹을 것을 주기 위해 성장한다는 식이었지요. 그러나 갈릴레이는 운동의 원인이나 힘의 성질보다는 운동 자체의 정확한 기술, 즉 '왜' 떨어지느냐가 아니라 '어떻게' 떨어지느냐에 주목했습니다.

갈릴레이는 자연현상을 수학이라는 언어를 통해 양적으로 기술하는 합리적 과학 정신을 보여 주었습니다. 그는 눈에 보이는 현상이 아니라 측정 가능하고 수학 언어로 표현할 수 있는 물질의 특성을 분리해서 시간과 공간, 무게와 질량, 속도와 가속도 같은 개념을 최초로 정립한 과학자입니다.

물질을 구성하는 원자의 진동에서부터 태양계와 은하계 안에서 공전하는 별과 행성에 이르기까지 운동은 어디에나 존재하지요. 그러면 운동에서 가장 중요한 개념은 무엇일까요? 그것은 운동 상태의 변화를 나타내는 속력, 속도, 가속도입니다.

갈릴레이가 죽은 해인 1642년 영국에서 뉴턴이 태어났습니다. 뉴턴이 거인들의 어깨에 올라섰다고 표현한다면, 그때 거인은 바로 갈릴레이를 뜻할 것입니다. 갈릴레이는 약 2,000년간이나 유럽에 영향을 끼쳤던 아리스토텔레스의 학설을 깨뜨린 위대한 과학자입니다.

아리스토텔레스는 물체가 움직이기 위해서는 계속 힘이 가해져야 한다고 주장했습니다. 하지만 갈릴레이는 경사면 실험을 통해 일단 움직인 물체는 계속 움직이려는 성질이 있다는 것을 밝혀냈지요. 그는 이렇게 움직이는 물체의 특성을 '관성'이라고 불렀어요. 관성이라는 개념은 갈릴레이가 처음 사용했지만, 그 의미를 정확히 파악한 사람은 뉴턴이었습니다.

뉴턴은 갈릴레이의 개념을 정리해서 첫 번째 법칙을 만들었는데, 그것을 '운동 제1법칙' 또는 '관성의 법칙'이라고 부릅니다. 운동 제1법칙에 따르면, 모든 물체는 외부에서 힘을 가하지 않는 이상 정지 상태에 있거나 일정한 운동을 계속합니다. 다시 말해 정지해 있는 물체는 계속 정지하려 하고, 움직이는 물체는 계속 움직이려 하는 성질이 있습니다. 여기서 관성이란 물체가 본래의 특성을 계속 유지하려는 성질, 즉 운동의 변화에 저항하려는 성질을 말합니다.

우리는 물체가 무거울수록 운동 상태를 바꾸기가 어렵다는 사실을 알고 있지요. 관성의 법칙에 따르면 물체는 원래의 상태를 유지하려는 성질이 있으므로 물체가 무거울수록 관성도 커진다고 할 수 있어요. 무거운 축구공과 가벼운 탁구공을 움직여 보면 쉽게 이해될 거예요. 뉴턴은 이와 같이 무거운 정도를 물체의 '질량'이라고 정의했어요.

어떤 물체에 힘이 작용하면 그 물체의 속도가 변합니다. 즉, 힘이라는 원인이 작용해서 운동이라는 결과가 만들어지지요. 이때 시간에 따른 속도의 변화를 '가속도'라고 하는데, 가속도의 크기는 그 물체에 작용한 힘의 크기에 비례하고 질량에 반비례합니다. 힘이 클수록 속도의 변화는 커지고, 질량이 클수록 속도의 변화는 작아지지요. 이것이 바로 뉴턴의 '운동 제2법칙'입니다.

운동 제2법칙은 질량을 정의하는 데 사용되기도 해요. 힘과 가속도를 알면 질량을 계산할 수 있기 때문이에요. 다시 말해 힘이 클수록, 그리고 속도가 낮을수록 질량이 커집니다. 따라서 질량이란 운동 상태의 변화에 저항하는 물체의 고유한 성질을 말합니다. 질량은 물체의 관성과 비슷한 개념을 가지고 있기 때문에 '관성질량'이라고도 부릅니다.

물체의 운동을 간단한 수식으로 나타내는 뉴턴의 운동법칙은 자연법칙이 반드시 직접적이고 명백할 필요가 없다는 사실을 보여 줍니다. 뉴턴은 물체가 매우 복잡한 방식으로 변하는 것처럼 생각되지만, 속도의 변화는 단순하며 가속도의 변화는 그보다 훨씬 더 단순하다는 것을 꿰뚫어 보았지요.

갈릴레이와 뉴턴의 위대한 점은 언뜻 복잡해 보이는 자연현상에서 보편적이고 일정한 유형을 수학 법칙으로 정량화했다는 데 있습니다. 그들이 추구한 실험 방법과 수학 이론은 체계적인 틀을 갖추면서 훗날 모든 과학자가 사용하는 일상적 도구가 되었습니다. 그리고 그 핵심에는 수학이라는 강력한 도구가 있습니다.

속도 변화를 계산하는 방법

    17세기 과학자들이 마주친 가장 어려운 문제 중 하나는 바로 속도의 변화였습니다. 행성의 움직임에 대한 법칙들을 발견한 케플러의 제2법칙에 따르면, 행성들은 이전의 과학자들이 믿었던 것처럼 일정한 속도로 움직이는 것이 아닙니다. 땅 위에서 움직이는 물체들도 끊임없이 속도가 변하면서 움직이지요. 대포에서 발사된 포탄은 수평 방향의 등속운동과 수직 방향의 등가속도운동이 결합된 형태로 이동

속력과 속도

혼히 '속력'과 '속도'를 구분하지 않고 쓰는데, 두 단어의 차이점을 알아볼까요?

어떤 사람이 1시간 동안 6킬로미터를 걸었다고 하면, 그것은 속력을 나타낸 것입니다. 그러나 1시간 동안 동쪽으로 6킬로미터를 걸었다고 하면, 그것은 속도를 의미합니다.

일정한 속력은 방향을 전혀 고려하지 않는 반면, 일정한 속도는 방향의 변화를 전제합니다. 예를 들어 일정한 속력으로 곡선을 돌고 있는 자동차의 속도는 계속 바뀝니다. 속력이 같아도 방향이 바뀌면 속도가 달라지는 것입니다.

합니다. 또한 공기의 마찰과 발사 각도에 따라 매 순간 속도
가 달라지지요.

그런데 평균속도를 구하는 방법으로는 순간속도를 구할
수 없습니다. 순간이라는 단어는 거리와 시간이 0이라는 뜻
이므로 0을 0으로 나누는 것은 의미가 없기 때문이지요. 수
학적으로 표현하면 순간속도는 시간 간격이 0에 가까워질
때 평균속도의 극한값으로 나타나며, 곡선상의 한 점에서
접선으로 표현됩니다.

두 개의 변수 x, y 사이에 일대일대응 관계가 있고 x 값에
따라 y 값이 정해질 때 이를 '함수'라고 부릅니다. 예를 들어
x를 순간속도라 하고 y를 거리라고 하면, 거리 y는 순간속
도 x 값에 따라 결정됩니다. 이를 간단히 식으로 표현하면
y=ax가 되지요. 여기에서 a는 비례상수로, 초기조건에 따라
결정됩니다. 어떤 함수를 미분한다는 것은 그 함수의 순간
변화율을 구한다는 뜻입니다. 예를 들어 거리를 시간에 대
해 미분하면 속도가 되고, 속도를 시간에 대해 미분하면 가
속도가 됩니다.

미분과 적분

미분은 말 그대로 아주 잘게 나눈다는 뜻으로, 어떤 순간에서의 변화율을 구하기 위한 수학적 기법입니다. 반면에 적분은 어떤 함수의 면적을 구하는 수학적 기법을 말합니다. 미분이 잘게 나누는 분해 과정이라면, 적분은 분해된 것을 다시 쌓아 가는 축적 과정이지요.

미분과 적분의 관점은 원의 둘레와 넓이 관계에서 찾아볼 수 있습니다. 반지름을 r이라고 할 때 원둘레는 $2\pi r$이고, 넓이는 πr^2입니다. 이때 원의 넓이를 반지름에 대해 미분하면 원둘레가 되고, 반대로 원둘레를 반지름에 대해 적분하면 원의 넓이가 됩니다.

이것은 직관으로 쉽게 알 수 있습니다. 즉 원의 중심에서 둘레까지 아주 미세한 동심원으로 조각낼 때 각각의 동심원들은 반지름이 0부터 r인 원이 될 거예요. 이 조각들을 모두 모으면 원의 넓이가 만들어지는데, 이는 원둘레를 적분하는 것과 같은 개념이지요. 구의 겉넓이와 부피의 관계도 같은 식으로 생각할 수 있습니다.

실생활의 해결사, 미적분의 탄생

아름다운 여인의 목에 걸린 진주목걸이는 어떤 곡선 형태를 띠고 있을까요? 르네상스 시대의 레오나르도 다빈치도 일찍이 이런 궁금증에 빠졌습니다. 긴 사슬의 양 끝을 고정하고 중간 부분을 내려뜨리면 물론 곡선 형태를 이루지요. 그러한 곡선을 '현수선'이라고 부릅니다. 다빈치는 그 현수선이 정확히 어떤 형태의 곡선을 띠는지 궁금했어요. 그는 이러한 궁금증을 그림으로 남기기도 했는데, 이는 훗날 '현수선 문제'라는 이름으로 알려졌어요.

갈릴레이는 현수선이 포물선 형태를 띨 거라고 추측했습니다. 그러나 실제로는 그보다 약간 아래쪽으로 처진 모양을 하고 있었지요. 현수선 문제를 해결한 사람은 스위스의 수학자 요한 베르누이입니다. 양 끝에 매달린 실을 자연스럽게 늘어뜨리면 그 실은 에너지를 최소화해 곡선을 이룰 것입니다. 베르누이는 미적분을 이용해 이러한 곡선의 형태를 나타냈습니다.

현수선 문제를 해결함으로써 미국 샌프란시스코의 상징인 금문교나 우리나라의 남해대교도 세울 수 있었던 것입니다. 금문교와 남해대교는 수심이 매우 깊은 곳에 건축되었지요. 그런데 수심이 너무 깊으면 교각을 세울 수 없어요. 이런 경우에는 양쪽 언덕에 쇠사슬을 고정해 놓고 현수교 형태로 다리를 놓는답니다.

현수교의 원리를 알아보는 실험을 해 볼까요? 그림처럼

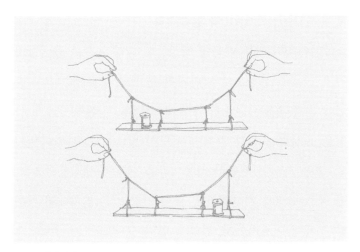

현수교 원리 실험

단단한 나무 자를 다른 길이의 끈 여러 개로 묶어 하나의 긴 끈에 연결해 매답니다. 끈의 형태를 그대로 유지한 채 무거운 추 하나를 자 위의 아무 곳에나 놓으세요. 그런 다음 추의 위치를 조금씩 변경하면서 긴 끈의 형태가 어떻게 변하는지 살펴보세요. 실제로 다양한 하중에서 끈의 형태가 가능한 적게 변하도록 하려면 현수선 형태를 취하는 것이 가장 좋다는 사실을 알게 될 것입니다.

　미적분을 이용해 미래의 사건을 정확히 예측한 수학자는 프랑스의 피에르 시몽 라플라스입니다. 태양계의 운동을 설명한 라플라스의 책 《천체역학》을 보면 태양계가 안정적으로 유지되는 이유가 나와 있습니다.

뉴턴은 만유인력 때문에 행성들이 태양 쪽으로 끌어당겨지거나 우주 공간으로 날아가야 한다고 생각했습니다. 반면에 라플라스는 단순한 수학적 증명을 통해 태양계가 안정을 유지하는 시간 간격이 상당히 길다는 것을 알아냈지요. 그는 자신이 개발한 섭동이론을 이용해 행성들의 미묘한 궤도 변화를 계산했어요. 또한 가장 작은 원자에서 거대한 천체에 이르기까지, 원인을 알면 그 결과까지 수학적으로 설명이 가능하다고 주장했습니다

미적분학은 이처럼 다양한 분야에서 중요한 역할을 했습니다. 수학자들은 극한 개념의 모호함 때문에 혼란스러워했습니다. 왜냐하면 실제 응용에서는 더할 나위 없이 훌륭했지만, 어느 누구도 미적분의 수학적 근거를 설명할 수 없었기 때문이지요. 다행히 이런 우려는 19세기 중반 프랑스의 수학자 오귀스탱 루이 코시가 극한 개념을 공식화하고 극한에 관한 정리들을 만들면서 해결되었지요.

오늘날 미적분은 과학의 모든 분야를 공식화하고 발전시키는 데 가장 효과적인 수단이 되었습니다. 사실 미적분은 운동의 변화를 정확히 분석하고 해석할 수 있어서 마치 신이 미분방정식을 통해 자연현상을 설명하려는 것처럼 보이

기도 해요.

　과학자들이 미적분이라는 새로운 도구로 무장하면서 우리 생활의 다양한 현상을 설명할 수 있게 되었습니다. 바이올린 현이 만들어 내는 음악에서 열의 전달에 이르기까지, 팽이의 운동에서 기체와 액체의 흐름까지 모두 미적분을 통해 설명할 수 있습니다. 사실 이 도구는 너무나 강력해서 열전도 현상, 방사성 원소의 붕괴, 바이러스 증식, 건물의 설계에 이르기까지 대부분의 자연과학과 공학에서 중요하게 쓰이고 있습니다. 환율이나 주가 변동, 물가 지수 등 금융시장의 변동을 분석하고 예측할 때도 미분방정식이 활용되고 있답니다.

　우리가 매일 접하는 일기예보에도 미분방정식이 사용되고 있습니다. 날씨를 예측하기 위해서는 온도와 습도, 풍속과 풍향, 기압과 강수량 등 다양한 조건을 초기값으로 해서 시간에 대한 미분방정식을 풀어야 해요. 그 밖에도 미분방정식은 전자기학의 맥스웰 방정식, 양자역학의 슈뢰딩거 방정식, 유체역학의 나비에-스토크스 방정식, 아인슈타인의 장 방정식 등 일일이 열거할 수 없을 정도로 많은 분야에서 중요한 해결사 노릇을 하고 있답니다.

양자역학과
상대성이론

눈에 보이지 않는 것을

어떻게 설명할까?

어느 날 전기가 사라진다면 어떤 일이 벌어질까요? 인터넷과 전화는 먹통이 되고, 신용카드로 장도 볼 수 없게 되겠지요. 일주일도 안 되어 도시는 완전히 붕괴할 것입니다. 도시를 벗어나기 위해 자동차를 타고 주유소에 가도 기름을 넣을 수 없어요. 요즘은 지하 저장고를 사용해서 전기 펌프를 가동하지 않으면 연료를 끌어올릴 방법이 없기 때문이에요.

그런데 중단되는 것이 전기만이 아니라면 어떨까요? 전기력 자체가 사라진다면 우리 몸을 구성하는 DNA 분자들은 해체됩니다. 용케 살아남은 생명체가 있다고 해도 금세 질식하고 말 거예요. 전기력이 없으면 공기 중의 산소 분자와 혈액 속의 헤모글로빈 분자가 결합하지 못하기 때문이에요. 아마 지구상에 존재하는 거의 모든 물질이 해체되고, 태양에서 오는 빛은 한순간에 사라질 것입니다.

우리 주변의 빛은 어디에서 올까?

우리가 생활하는 곳곳에는 다양한 전자기파(전자파)가 존재합니다. 부엌의 가스레인지에서도 전자기파가 나오고, 태양에서 방출되는 빛도 전자기파의 일종이에요. 전자기파는 공간을 통해 에너지를 전달해요. 지구의 모든 생명체는 태양빛이 전달하는 에너지 덕분에 살아갈 수 있답니다.

강물에 돌을 던지면 물이 동심원을 그리며 파동을 일으키지요. 과학자들은 파동을 설명할 때 파장, 진동수, 진폭이라는 용어를 사용합니다. 파장은 파동의 꼭대기인 마루에서 그다음 마루까지의 거리를 말해요.

전자기파는 마루와 골의 개수가 많을수록 파장이 짧아집니다. 진동수는 1초 동안에 마루 또는 골이 반복되는 횟수를 말하는데, 이 값은 파장에 반비례해요. 파장이 길면 진동수가 줄어들고, 그에 따라 에너지 크기는 작아져요. 반대로 파장이 짧으면 진동수가 증가하고 에너지는 커지게 되지요. 즉 파동의 에너지는 진동수에 비례하고, 파장에 반비례하는 것입니다.

그러면 기다란 줄을 이용해 파동을 알아보는 실험을 해볼까요? 줄의 한쪽 끝을 벽에 고정해 놓고 다른 쪽 끝을 손

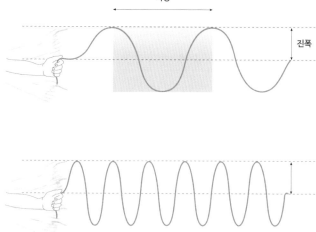

전기장과 자기장으로 이루어진 전자기파는 한쪽 끝을 고정한 줄을 위아래로 흔들 때 생기는 파동과 같은 형태입니다.

으로 잡아 위아래로 흔들어 보세요. 그러면 줄에 파동이 만들어지지요. 파장을 길게 하려면 손을 좀 더 천천히 흔들면 됩니다. 이때 파장의 진동수는 1초당 손을 흔드는 횟수와 일치해요. 반면 파장이 짧은 파동을 만들어 내려면 손을 빨리 움직이면 됩니다. 이것은 1초당 손을 흔드는 횟수로, 진동수가 커진다는 것을 의미해요. 진폭은 파장의 높낮이를 말해요. 즉 줄이 주기적이고 연속적으로 진동하는 파동으로 곡선을 그릴 때 그 곡선의 위아래 길이, 또는 마루의 높이를 말합니다.

우리가 사물을 볼 수 있는 것은 빛이 있기 때문입니다. 인간의 눈은 빛의 다양한 파장 가운데 가시광선만 볼 수 있어요. 재미있는 사실은 가시광선을 제외한 다른 전자기파들은 물에 들어가자마자 흡수되어 사라진다는 것입니다. 진화론에 따르면 태초의 모든 생명체는 물속에서 시작되었는데 진화 과정에서 물체를 보기 위해 가시광선을 흡수하도록 눈이 적응했을 것이라고 해요.

그렇다면 빛은 어디에서 오는 것일까요? 잘 알다시피 빛은 태양에서 만들어지지요. 태양 내부에서 수소 원자핵들이 서로 결합해 헬륨 원자핵이 되는 과정에서 엄청난 에너지를 가진 감마선들이 방출됩니다. 감마선들은 태양 내부의 물질들과 충돌하면서 태양 표면에 도달하는데, 그 기간이 무려 2만 년이나 걸린대요. 이 과정에 감마선들은 에너지를 잃어버리면서 파장이 긴 자외선과 가시광선으로 변해요. 그 중에서 가시광선에 해당하는 전자기파가 바로 우리 눈으로 볼 수 있는 빛이랍니다.

태양에서 방출된 전자기파는 지구의 대기권에 부딪히면서 사방으로 흩어집니다. 이때 파장이 긴 빨간빛보다 파장이 짧은 보랏빛은 대기 중의 산소, 질소, 먼지 알갱이 들과 충돌해서 훨씬 쉽게 흩어져요. 그래서 파장이 짧은 보랏빛과 파란빛이 하늘 전체에 퍼지게 되지요. 하늘이 파랗게 보이는 이유는 우리 눈이 보랏빛보다는 파란빛에 더 민감하기 때문이에요.

전자기파는 라디오 전파와 마이크로웨이브, 적외선, 가시광선, 자외선, X선, 감마선에 이르기까지 에너지 크기에 따라 각기 부르는 명칭이 달라요. 가시광선은 우리 눈이 감지할 수 있는 빛으로, 빨간색이 가장 진동수가 작고, 보라색이 가장 크지요. 보라색보다 진동수가 큰 빛은 우리 눈에 보이지 않는 자외선, X선, 감마선을 말해요. 반면 빨간색보다 진동수가 작은 빛은 적외선으로, 겨울철 난로에서 발생하는 뜨거운 열도 적외선의 일종이에요.

현대 기술 문명을 가져온 전자기파

전기에 비해 자기는 생각보다 역사가 오래되었습니다. 수천 년 전 고대 그리스 마그네시아에 살던 마그네스라는 양치기가 있었어요. 마그네스는 어느 날 철 지팡이를 들고 나갔다가 지팡이가 돌덩이에 달라붙는 놀라운 현상을 경험했어요. 이 돌은 바로 우리가 자석이라고 부르는 자철석이었지요. 이것이 최초로 목격된 자기磁氣의 모습이었습니다.

전기는 그리스의 철학자 탈레스가 처음 관찰했어요. 탈레스는 나무 수액이 굳어 단단해진 호박을 천에 문지르면 마른 잎 같은 가벼운 물체를 끌어당긴다는 사실을 발견했습니다. 그 후 중국인들은 황철석이 나침반 역할을 한다는 사실을 알아냈지요.

자기 현상을 폭넓게 연구하기 시작한 사람은 15세기 영국의 의사이자 물리학자인 윌리엄 길버트입니다. 길버트는 지구를 하나의 거대한 자석으로 묘사했어요. 그는 세심한 관찰을 통해 전기를 띠는 물체들이 서로 끌어당기거나 밀어낸다는 사실을 알아냈어요. 그 후 18세기 중반, 미국의 과학자 벤저민 프랭클린은 폭풍우 치는 날 연을 날리는 실험을 통해 번개가 전기의 일종이라는 사실을 증명했어요.

초기에는 전기와 자기가 서로 다른 자연현상으로 여겨졌습니다. 그러던 1820년, 덴마크의 물리학자 한스 크리스티안 외르스테드는 전류가 자기장을 형성한다는 사실을 알아냈어요. 그러자 영국의 화학자이자 물리학자 마이클 패러데이는 자기장도 전류에 영향을 미치지 않을까 하는 의문을 품었습니다. 결국 패러데이는 도선을 감은 코일 속에 자석을 넣었다 뺐다 하면 코일 내에 전류가 발생한다는 사실을 발견했어요. 자석을 빠르게 움직일수록, 그리고 코일에 도선을 많이 감을수록 전류의 세기는 더 강해졌지요.

패러데이는 이러한 전자기 현상을 직관적으로 설명하기 위해 '전기장'과 '자기장'이라는 개념을 도입했어요. 이로써 고대 그리스 이래 호박이 가진 전기와 마그네시아의 돌이 가진 자기라는 두 가지 현상이 하나로 연결되었답니다. 전기와 자기가 동일한 현상을 보이는 두 가지 다른 측면이라는 사실을 밝혀낸 것이지요. 오늘날의 전동기와 발전기는 전기와 자기의 두 가지 현상을 일상생활에 응용한 대표적인 예랍니다. 전동기는 전기를 자기로 바꿔서 모터를 회전시키는 장치고, 발전기는 모터를 회전시킬 때 발생하는 자기를 이용해 전기를 만드는 장치예요.

전기와 자기에 관한 가장 뛰어난 업적을 남긴 사람은 영국의 물리학자 제임스 맥스웰일 것입니다. 맥스웰은 전기장과 자기장이 시간과 공간에 따라 어떻게 변하는지를 보여 주는 방정식을 수학적으로 유도했어요. 그는 단 네 개의 미분방정식으로 전기장과 자기장을 결합했어요. 전기장과 자기장은 파동처럼 진행 방향과 서로 수직으로 전달되기 때문에 '파동방정식'이라고 불러요.

그 후 독일 물리학자 하인리히 헤르츠는 맥스웰이 이론적으로 예측한 전자기파가 실제로 파동처럼 진행한다는 사실을 증명해 냈습니다. 또한 서로 접촉하지 않은 두 개의 구리막대 중 한쪽 막대에 전류가 통하면 다른 쪽에도 전류가 흐른다는 것을 보여 주었지요. 무엇보다 중요한 발견은 전자기파의 속도가 파동방정식에서 예측한 빛의 속도와 같다는 것이었어요. 이 발견은 훗날 양자역학과 상대성이론을 구축하는 토대가 되었답니다.

1889년 헤르츠는 오늘날 우리가 '전파'라고 부르는 주파수대의 전자기파를 만들어서 실험적으로 검출하는 데 성공했어요. 그로부터 6년 후 이탈리아 발명가이자 기업인 굴리엘모 마르코니는 세계 최초로 무선전신을 발명했어요. 1901년 그는 대서양을 가로질러 전파를 보내는 데도 성공했답니다.

전자기파에 관한 연구는 과거에는 상상조차 못 했던 방향으로 인류를 이끌게 됩니다. 오늘날의 레이더, 텔레비전, 컴퓨터, 핸드폰 등이 모두 먼 과거의 전자기파 연구에서 시작된 발명품이지요. 특히 라디오와 텔레비전 방송은 20세기 세계사의 물결에 막강한 영향력을 발휘했습니다. 각국 정부가 정치적인 목적으로 대중을 호도하고자 방송을 이용한 것입니다. 결과적으로 인류는 제1, 2차 세계대전에서 자본주의와 공산주의 진영의 냉전으로 이어지는 거친 역사를 겪어야만 했습니다.

이처럼 현대 기술 문명이 발달하기까지 불과 200년 동안 많은 과학자는 새로운 사실을 밝혀 내고 그에 따른 이론을 정립했습니다. 하지만 이 모든 발전을 가져온 주역은 사실 눈에 보이지 않는 '파동'이에요. 태양에서 오는 빛과 에너지, 달의 인력에 따른 파도, 바이올린 현의 아름다운 선율, 텔레비전 화면의 화려한 영상에는 모두 파동이라는 자연의 변화와 질서가 숨어 있답니다.

양자역학, 미시 세계를 설명하다

인적이 드문 깊은 숲속에 나무들이 빼곡히 들어서 있습니다. 그때 나무 한 그루가 쿵 소리를 내며 쓰러졌어요. 워낙 큰 나무가 쓰러지다 보니 천둥 같은 소리가 고요한 숲을 가로지르며 지축을 뒤흔들었지요. 이때 만약 여러분이 먼 곳에서 희미한 소리를 들었다면 그 소리가 나무가 쓰러지는 소리라고 확신할 수 있을까요?

양자역학을 못마땅하게 여겼던 아인슈타인은 '숲에서 홀로 쓰러지는 나무'를 비유로 들며 다음과 같이 말했습니다. "나무가 쓰러지는 모습을 보지 못했다고 해서 그 나무가 존재하지 않는다는 말인가?" 양자역학 신봉자들은 다음과 같이 반격했지요. "나무가 쓰러지는 모습을 본 사람이 없다면 나무가 그곳에 있는지 확인할 방법이 없습니다. 나무를 확인할 수 있는 유일한 방법은 누군가 나무를 보는 것입니다." 과연 어느 쪽이 맞을까요?

양자역학에 따르면 전자처럼 작은 입자의 위치를 관측하기 전에는 위치를 말하는 것 자체가 무의미합니다. 관측되지 않은 전자는 확실한 위치를 가지지 않기 때문이에요. 여기서 전자로부터 얻을 수 있는 정보는 기껏해야 전자의 위치에 대한 확률뿐이지요.

1905년 아인슈타인은 빛이 입자로 이루어져 있다는 '광양자 가설'에 관한 논문을 발표했습니다. 당시 물리학자들의 고민 중 하나는 빛의 본성에 관한 것이었지요. '빛은 입자일까? 파동일까?'라는 질문은 오랫동안 과학자들을 괴롭혔어요.

17세기에 네덜란드 물리학자 크리스티안 하위헌스는 파동이 진행할 때 파면(파동이 일어나는 연속적인 면)의 각 지점에서 새로운 파원(파동이 처음 만들어지는 곳)이 생성된다고 주장했습니다. 바다에서 파도가 해안가로 밀려오는 모습을 상상해 볼까요? 파동의 꼭대기인 마루를 이루는 곡선은 그 형태를 조금씩 바꾸면서 움직이지요. 파동의 마루를 이으면 동심원이 되는데, 이러한 곡면을 '파면'이라고 합니다.

하위헌스는 파면이 시간에 따라 그다음 파면을 형성한다는 사실을 알아냈어요. 즉 파면의 각 지점들이 구면파(파면이 동그란 형태를 이루는 파동)를 발생시키는 파원이 되고, 이런 구면파들이 겹쳐져서 다음 파면을 형성하지요. 이것을 '하위헌스의 원리'라고 해요.

비슷한 시기에 뉴턴은 프리즘과 렌즈를 이용해 빛이 단순한 백색광이 아니라 무지개 색이라는 것을 발견했습니다. 그는 빛이 입자처럼 직진한다고 주장했습니다. 빛의 파동설은 한동안 뉴턴의 권위에 밀려 수면 아래로 가라앉았지요. 그러다 19세기 초 영국 의사이자 물리학자 토머스 영이 빛의 회절과 간섭 현상을 실험적으로 밝혀내자 다시 빛의 파동설이 수면 위로 떠올랐어요. 이런 상황에서 아인슈타인은 빛이 연속적인 파동으로 공간에 퍼지는 것이 아니라 불연속적인 입자들인 광자처럼 진행한다고 주장했어요. 이와 같은 주장을 한 근거는 독일 물리학자 막스 플랑크의 논문에 있었어요.

1687년 뉴턴이 《프린키피아》를 출판하면서 이후 200년 동안 고전역학은 과학자들 사이에서 절대적인 진리로 여겨졌어요. 《프린키피아》는 처음에 '자연철학의 수학적 원리'라는 제목으로 나왔으며, 오늘날 근대 역학을 완성한 책으로 알려졌지요. 이 책의 출간으로 세상은 뉴턴의 운동법칙에 따라 시계처럼 정확하게 작동하기 시작했어요. 이를테면 뉴턴의 제2법칙인 가속도의 법칙에 따라 대포알이 날아갔지요. 또 제3법칙인 작용반작용의 법칙에 따라 마차가 움직였답니다.

뉴턴의 운동 법칙에 따르면 주어진 시간에 물체의 위치와 속도를 알면 물체의 경로를 정확하게 계산할 수 있습니다. 다시 말해 태초에 우연이란 존재하지 않았으며, 우주의 모든 현상은 초기 조건에 따라 결정된 셈이지요.

이런 결정론적 세계관에 금이 가기 시작한 것은 1850년대 흑체복사이론 때문이었어요. 당시 산업혁명이 한창일 때 질 좋은 철을 만들기 위해서는 무엇보다 용광로의 온도를 정확히 알아야 했습니다. 양철 지붕보다 훨씬 뜨거운 용광로의 온도를 직접 잴 수는 없었지요. 그래서 용광로에서 흘러나오는 철의 색깔을 보고 불의 온도를 조절했다고 해요.

당시 과학자들을 사로잡은 열역학 분야의 중요한 관심사는 흑체에서 방출되는 열의 스펙트럼이었어요. 높은 온도의 뜨거운 물체는 전자기파를 방출하는데, 이를 복사^{radiation}라고 해요. 전자기파는 파장에 따라 여러 종류로 나뉩니다. 파장이 긴 순서로 나열하면 전파, 적외선, 가시광선, 자외선, X선, 감마선이 있어요. 여기서 우리가 눈으로 볼 수 있는 빛은 가시광선뿐이에요. 가시광선은 파장이 긴 순서로 빨주노초파남보라는 무지개 색으로 나뉘지요.

이런 전자기파의 파장은 온도와 관계가 있습니다. 온도가 낮은 물체는 파장이 긴 적외선을 방출해요. 온도가 높아짐에 따라 가시광선이나 자외선, X선을 방출하지요. 가시광선 중에서도 파란 불꽃은 빨간 불꽃보다 온도가 더 높아요.

모든 물체는 자신의 온도가 낮을 때는 빛을 흡수하고 온도가 높을 때는 빛을 방출합니다. 물체에서 방출되는 스펙트럼은 온도에 따라 다르지만, 빛이 나오는 물체 자신에게도 영향을 받아요. 그래서 빛이 나오는 물체, 즉 광원에 영향받지 않고 온도에만 영향받는 이상적인 물체가 필요했지요. 이것이 바로 흑체$^{black\ body}$랍니다.

속이 비어 있는 상자에 아주 작은 구멍을 뚫어 보세요. 그러면 구멍으로 빛이 상자에 들어갈 거예요. 그 빛은 상자 내부에서 이리저리 반사되지만 구멍으로 다시 나오기는 힘들어요. 이때 상자의 온도를 높이면 구멍 밖으로 빛이 나온답니다. 이것을 우리는 '흑체복사'라고 부르지요. 사람의 눈동자도 이와 비슷합니다. 검은색으로 보이는 홍채 중앙에 있는 동공을 통해 들어간 빛은 밖으로 방출되지 않고 내부에서 반사되어 시신경으로 전달되니까요.

1900년 플랑크는 한 논문을 발표하면서 많은 과학자에게 당혹감을 안겼습니다. 논문에서 그는 흑체에서 나오는 복사에너지가 연속적인 스펙트럼을 형성하는 것이 아니라 띄엄띄엄 떨어진 에너지 값을 갖는 덩어리로 존재한다고 주장했어요. 이것을 우리는 '플랑크의 양자가설'이라고 부릅니다.

그때까지 고전역학에서는 에너지가 마치 물처럼 연속적으로 흐른다고 여겼지요. 에너지의 일종인 열도 마찬가지고요. 그런데 빛을 포함한 전자기파의 에너지가 불연속적인 값을 갖는다는 양자 개념은 뉴턴의 결정론적 세계를 우연과 확률이 지배하는 세계로 바꿔 놓았답니다.

1905년 아인슈타인은 플랑크의 양자가설을 바탕으로 광양자 가설에 관한 논문을 발표했습니다. 이 논문에는 물질(입자)을 지배하는 뉴턴의 운동법칙과 파동(복사)을 지배하는 맥스웰의 전자기이론 사이의 관계가 설명되어 있어요.

광전효과

광전효과는 오늘날 우리 생활의 다양한 분야에서 응용되고 있습니다. 예를 들어 술을 마시면 체내로 들어간 알코올 성분이 호흡을 통해 배출되지요. 음주측정기는 숨을 내쉴 때 나오는 알코올 양을 측정해 간접적으로 혈중 알코올 농도를 측정하는 장치입니다. 알코올이 측정기 안의 백금판에 닿으면 푸른색 가스로 변하면서 전자가 방출되어 전류를 발생시켜요. 혈중 알코올 농도는 전류의 양에 비례해요. 따라서 숨 속에 알코올이 많을수록 전류가 많이 발생하지요.

디지털 카메라도 광전효과를 기반으로 만들어집니다. 카메라에는 전하결합소자^{CCD}라는 부품이 들어 있어요. 이 부품은 렌즈를 통과한 빛을 전기 신호로 바꾸는 일종의 광센서예요. CCD는 네모난 판처럼 되어 있고, 그 위에 수많은 광센서가 붙어 있습니다. 예를 들어 500만 화소라면 500만 개의 광센서가 CCD에 붙어 있는 것이지요.

미국 영화 〈마이너리티 리포트〉에 나오는 홍채인식 장치를 비롯해 지문이나 얼굴인식 장치에도 CCD가 들어 있어요. 광센서는 음주측정기나 자동문, 자동점멸 가로등, 복사기 토너, 자동카메라의 노출값 조정, 태양전지 등 많은 전자기기에 이용되고 있답니다.

아인슈타인은 흑체복사를 비롯한 모든 전자기파가 불연속적인 에너지를 가진 덩어리(양자)로 이루어진 입자와 똑같이 진행한다는 것을 보여 주었어요. 이런 전자기파의 덩어리를 '광자'라고 부르지요.

광양자 가설은 기존의 고전물리학으로는 이해되지 않던 **광전효과**를 완벽하게 설명해 줍니다. 광전효과는 금속에 빛을 쪼이면 전자가 튀어나오는 현상을 말해요. 이는 빛의 양자 개념을 확실하게 보여 주는 대표적인 사례지요.

1913년 덴마크 물리학자 닐스 보어는 플랑크의 양자 개념을 이용해 원자모형을 제안했습니다. 보어의 원자모형은 1920년대 말 양자역학이 탄생하는 데 결정적인 역할을 했어요.

최초로 원자를 논한 사람은 그리스 철학자 데모크리토스였어요. 하지만 근대적인 의미에서 원자의 구조를 처음 이야기한 사람은 1800년경 영국의 화학자이자 물리학자 존 돌턴이랍니다. 돌턴은 원자를 '더 이상 쪼갤 수 없는 기본 입자'라고 정의했어요.

기본적인 원자모형이 갖추어진 것은 영국의 물리학자인 조지프 존 톰슨과 어니스트 러더퍼드의 실험 덕분이었어요. 1897년 톰슨은 음극선 실험을 통해 전자를 발견했어요. 그가 생각한 원자모형은 전자가 건포도처럼 군데군데 박혀 있는 둥그런 빵의 모습이었지요. 그 후 러더퍼드는 얇은 금박에 알파선을 충돌시켜 오늘날 우리가 아는 원자모형을 만들었어요.

러더퍼드의 원자모형은 태양계처럼 (+)전하를 띤 양성자가 가운데 있고 그 주위를 전자가 도는 형태입니다. 그런데 여기에는 결정적인 문제가 있어요. 전자가 양성자 주위를 도는 경우 가속도 운동을 하게 되므로 전자기파를 방출합니다. 그렇게 되면 에너지를 잃어버린 전자는 핵에 사로잡히고 결국 원자가 붕괴되고 말지요.

보어는 이런 문제를 해결하기 위해 전자가 양자화된 궤도에서만 도는 새로운 원자모형을 제안했어요. 이것이 바로 우리가 학교에서 배우는 보어의 원자모형이에요. 그 후 원자핵은 양성자와 중성자로 구성되어 있으며, 이런 핵자들은 다시 쿼크quark라는 소립자들로 구성되어 있다는 사실이 밝혀졌어요.

보어는 젊은 과학자들을 끌어모아 코펜하겐학파를 형성했습니다. 순수하게 수학적인 원자모형을 탄생시키는 대부 역할을 한 셈이지요. 여기에서 에르빈 슈뢰딩거의 파동역학, 베르너 하이젠베르크의 행렬역학과 불확정성원리 등 양자역학의 핵심 개념들이 만들어졌어요.

1925년 독일 물리학자 하이젠베르크는 기존의 원자 구조를 설명하는 방식을 완전히 바꿔서 행렬역학이라는 새로운 모델을 만들었어요. 이는 원자 내부에 있는 전자들의 세계를 수학적으로 그려 낸 수학 공식이었지요. 그는 전자가 어떤 특정한 궤도에 존재한다고 가정하는 대신 전자들의 위치를 수로 이루어진 행렬로 묘사한 것입니다.

바로 다음 해인 1926년, 오스트리아 물리학자 슈뢰딩거는 원자핵을 도는 전자의 움직임을 파동함수로 기술했어요. 하이젠베르크의 행렬역학은 원자가 특정 상황에서 어떻게 반응할지 확률적으로만 예측할 수 있을 뿐, 그 이상은 알 수 없었어요. 그래서 슈뢰딩거는 프랑스 물리학자 루이 드브로이의 물질파 개념을 도입해 전자를 입자가 아닌 공간에 퍼져 있는 파동이라고 여겨 미분방정식을 만들었지요.

드브로이는 전자처럼 작은 입자들을 파동으로 해석할 수 있다고 주장했어요. 그는 플랑크의 양자가설과 아인슈타인의 상대성이론을 결합해 파동을 나타내는 파장과 입자를 나타내는 운동량의 곱으로 된 방정식을 만들었어요. 물질파이론은 입자와 파동의 이중성을 보여 주는 중요한 개념이지요. 아울러 이 이론은 우리가 사는 거시 세계에서 그러한 이중성을 이해할 가망이 전혀 없다는 뜻이기도 해요.

1927년 영국의 물리학자 패짓 톰슨은 얇은 표적에 음극선을 발사해서 전자가 회절하는 모습을 사진 건판에 담는 데 성공했습니다. 이로써 전자의 파동성을 밝혀낸 것이었지요. 조지 패짓 톰슨은 조지프 존 톰슨의 아들이에요. 아버지는 1906년에, 아들은 1937년에 노벨물리학상을 받았지요. 그런데 재미있는 점이 있답니다. 전자를 처음 발견한 조지프 톰슨은 전자가 입자라는 사실을 증명한 반면, 아들인 조지 톰슨은 전자가 파동이라는 사실을 증명했다는 거예요. 미시 세계의 입자-파동 이중성은 2대에 걸쳐 노벨상을 안겨 준 것이었지요.

양자역학은 하이젠베르크의 불확정성원리에 의해 실질적으로 완성되었다고 해도 과언이 아닙니다. 불확정성원리에 따르면 입자의 위치와 운동량은 동시에 정확하게 측정될 수 없어요. 예를 들어 전자의 위치를 정확하게 알면 운동량은 그만큼 부정확해져요. 반대로 전자의 운동량을 정확하게 알면 위치가 그만큼 불확실해지지요.

이것은 측정의 정밀성에 관한 문제가 아닙니다. 그보다는 우주가 가지고 있는 본래의 특성, 그리고 세계가 돌아가는 근본적인 방식을 보여 주는 것입니다. 다시 말해 전자가 어느 순간 어디에 있는지는 절대로 정확하게 측정할 수 없어요. 단지 전자가 어느 곳에 있으리라는 확률만 이야기할 수 있을 뿐이지요.

전자들은 태양 주위를 도는 행성처럼 핵 주위를 움직이는 것이 아니라, 특별한 모양이 없는 구름에 가까운 모습을 보입니다. 전자 구름 자체도 통계적인 확률로 나타낼 수 있을 뿐이지요. 양자론은 여전히 수수께끼로 남아 있습니다. 보어는 이런 상황을 다음과 같이 표현했어요. "양자론을 생각하면서 혼란을 느끼지 않는 사람은 양자론을 제대로 이해한 것이 아니다."

양자역학은 원자핵과 쿼크처럼 아주 작은 세계를 설명해 줍니다. 원자들로 이루어진 분자 차원의 물체에서도 양자론적 효과는 중요한 현상으로 관찰됩니다. 따라서 양자역학은 물리학뿐 아니라 화학, 생물학 등 자연과학의 핵심적인 도구로 활용되고 있지요. 그 결과물은 반도체나 초전도체, 나노 같은 최첨단 물질의 개발에서 엿볼 수 있습니다.

반도체는 불연속적인 에너지 값을 갖는 양자론의 특징을 잘 활용한 대표적인 예입니다. 전자의 흐름을 전류라고 하는데, 전자가 자유롭게 움직이면 전류가 잘 흘러 도체가 되지요. 반면 전자가 원자에 구속되어 잘 움직이지 못하면 부도체가 됩니다. 도체와 부도체의 차이는 전자들이 불연속적인 에너지 변화에 따라 어떤 상태를 갖느냐에 따라 달라져요. 반도체는 도체와 부도체의 중간 상태로 전자들 중 일부만 움직일 수 있는 물질을 말하지요.

물질의 화학 결합이나 생명체의 기본 물질인 DNA 구조 등에도 양자론이 적용됩니다. 화학에 있어서는 대표적으로 노벨상을 두 번이나 받은 미국 화학자 라이너스 폴링의 연구를 꼽을 수 있어요. 폴링은 양자역학을 이용해 화합물의 정확한 구조와 성질 들을 밝혀내고 화학 결합의 핵심적인 개념들을 정립했어요.

이제 양자역학은 원자나 소립자처럼 작은 세계를 성공적으로 설명할 수 있게 되었습니다. 그것은 물리적인 개념을 수학 공식으로 단순화할 수 있었기 때문이에요. 아마도 자연은 수학적 도구를 이용해 자신의 모습을 드러내고 싶은가 봅니다. 우주처럼 거대한 세계뿐 아니라 눈에 보이지 않는 작은 세계조차 말이지요.

고전역학을 무너뜨린 상대성이론

현대적 의미의 과학은 정확히 언제부터 시작되었을까요? 각자의 시각에 따라 다르겠지만, 한 가지 분명한 사실은 갈릴레이와 데카르트, 뉴턴이 활동하던 시대에도 과학은 발전하고 있었다는 것입니다. 그들은 천체의 움직임을 수학적으로 분석한 결과, 어떤 규칙이 모든 천체에 한결같이 적용된다는 사실을 알아냈습니다.

초기의 과학은 주로 일상적인 물체를 연구 대상으로 삼았어요. 갈릴레이는 경사로에서 둥근 물체를 굴리고, 뉴턴은 떨어지는 사과를 바라보다가 만유인력의 법칙을 떠올렸지요. 그들은 자연의 소리에 귀 기울여 이를 수학적으로 분석했어요.

뉴턴이 운동법칙을 발표한 뒤로 그의 운동방정식은 다양한 분야에 적용되었어요. 자연은 마치 수학의 언어를 사용하는 것처럼 보였지요. 300여 년이 지난 오늘날에도 뉴턴의 운동방정식은 100층이 넘는 최첨단 빌딩이나 지구 주위를 도는 인공위성에서 쉽게 찾아볼 수 있어요.

물체에 힘을 가하면 움직인다는 사실은 누구나 알지요. 그러면 물체의 운동이 일어나는 배경은 무엇일까요? 그것은 바로 시간과 공간입니다. 그렇다면 시간과 공간의 본질은 무엇일까요? 아마 이 질문에는 답이 쉽게 떠오르지 않을 거예요.

시간과 공간은 물리적 실체인가요? 아니면 우주를 이해하기 위해 인위적으로 가져온 추상적 개념일 뿐일까요? 뉴턴은 이 질문에 그럴듯한 답을 내놓아야 했습니다. 시간과 공간의 물리적 의미를 모른다면 운동방정식도 의미가 없기 때문이었지요. 뉴턴은 시간과 공간이 절대불변의 실체이며, 이로부터 구성된 우주 역시 절대로 변하지 않는 견고한 세계라고 생각했습니다.

고전역학은 자연현상들을 놀라울 정도로 정확하게 서술합니다. 뿐만 아니라 그로부터 얻은 수학적 결과들은 일상적인 경험과도 잘 들어맞습니다. 어떤 물체에 힘을 가하면 물체의 속도가 빨라지지요. 야구공을 세게 던질수록 받는 사람의 손에 전달되는 충격은 더 커지지요. 또 어떤 물체를 손가락으로 누르면 그 물체는 똑같은 크기의 힘을 손가락에 전달합니다.

뉴턴은 운동방정식에 중력을 포함했지만 전기력과 자기력이 수학적으로 표현된 것은 그로부터 약 200년이 지난 후였습니다. 1860년대 맥스웰은 고전물리학의 무대를 전자기력의 영역까지 넓혔습니다. 이 과정에서 몇 개의 방정식이 추가되어 수학적인 내용이 조금 어려워졌지요. 그렇지만 우리의 직관과 일치한다는 점에서 별로 달라진 것이 없었어요.

모든 일이 순조롭게 풀려 가면서 19세기 말 물리학자들은 기대감으로 충만했습니다. 머지않아 우주의 모든 현상을 설명할 수 있을 거라고 생각했지요. 당시 물리학의 여러 분야에서 괄목할 만한 업적을 세운 아일랜드 물리학자 켈빈 경(윌리엄 톰슨)이 다음과 같이 말했을 정도였어요. "이제 물리학에 남은 일은 기존 측정값들의 소수점 이하 자릿수를 늘려 가는 것뿐이다."

켈빈 경은 물리학에 남은 두 가지 문제, 즉 빛의 특성에 관한 문제와 뜨거운 물체가 내뿜는 복사에 관한 문제를 짧게 언급한 적이 있습니다. 그를 비롯한 대다수의 물리학자들은 이 문제들을 지엽적인 것으로 여기면서 금방 해결될 것으로 믿어 의심치 않았지요.

그로부터 채 10년이 지나기도 전에 두 가지 문제는 기존의 물리학을 송두리째 갈아엎는 대혁명의 도화선이 되었습니다. 첫 번째 문제는 아인슈타인의 상대성이론을 탄생시켰습니다. 두 번째 문제는 양자역학이라는 새로운 물리학을 만들면서 시간과 공간, 실체에 관한 고전적 개념을 단숨에

날려 버렸지요.

1905년 아인슈타인은 세상을 깜짝 놀라게 하는 특수상대성이론을 발표했습니다. 이 이론에는 단순하면서 심오한 두 개의 가설이 들어 있었지요. 하나는 빛의 성질에 관련된 것이고, 다른 하나는 물리법칙의 일관성에 관련된 것이었어요.

광속불변의 원리　빛의 속도는 광원이나 관측자의 운동과 상관없이 항상 일정하다.

상대성의 원리　물리법칙은 등속으로 움직이는 관찰자와 항상 동일한 형태로 표현된다.

"만일 빛과 같은 속도로 움직이면서 빛을 보면 어떻게 될까요?" 빛의 속도가 일정하다는 사실은, 우리가 흔히 생각하는 바와 다르기에 혼란을 불러일으킵니다. 그렇다면 쉬운 예를 떠올려 볼까요? 야구 선수가 시속 150킬로미터로 공을 던진다고 합시다. 정지해 있는 사람이 볼 때 그 공의 속도는 시속 150킬로미터예요. 하지만 공과 같은 방향으로 시속 100킬로미터로 움직이는 사람에게 공의 속도는 50킬로미터가 될 것입니다.

그럼 여기서 야구공을 빛으로 바꾸어 볼까요? 빛과 같은 속도로 움직이는 사람이 빛을 관찰하면 어떻게 될까요? 이것은 아인슈타인이 어린 시절부터 생각해 왔던 의문점 가운데 하나였습니다. 상식적으로 볼 때 빛과 같은 속도로 움직이면서 빛의 속도를 측정한다면 빛은 정지한 것처럼 보여야 하지요. 그런데 상대성이론에 따르면 빛의 속도는 항상 30만 킬로미터로, 결코 느려지거나 빨라지는 법이 없습니다. 즉 광원이나 관찰자의 운동에 관계없이 빛의 속도는 언제나 일정하지요.

뉴턴 역학에서는 물체에 힘을 가하면 어떤 속도로도 움직일 수 있다고 말합니다. 그러나 어떤 물체도 빛보다 빠르게 움직일 수 없다고, 상대성이론은 말하지요. 상대성이론의 탄생으로 지난 300년간 물리학을 지배해 왔던 고전역학은 몰락의 길로 들어서고 말았어요.

운동이란 공간상 위치에 대한 시간의 변화를 말합니다. 이처럼 운동은 시간과 공간을 전제로 해요. 고전물리학에서는 이런 시간과 공간을 절대시간과 절대공간이라고 부르지요. 이것은 우주의 어디서나 적용되는 보편적인 개념으로, 시간은 빨라지거나 느려지지 않으며, 공간은 늘어나거나 줄어들지 않아요. 하지만 상대성이론에 따르면 시간과 공간은 절대적인 것이 아닙니다. 시공간은 관찰자와 관찰되는 대상 모두에게 상대적이며, 속도가 빨라질수록 그 차이는 더욱 커지게 됩니다.

E=mc²라는 공식은 한 번쯤 들어 봤을 것입니다. 여기서 E 는 에너지, m은 물체의 질량, c는 빛의 속도를 말해요. 빛의 속도는 약 30만 킬로미터로 항상 일정한 값을 가지므로 좌변과 우변의 등식 관계에 따라 에너지가 바로 질량이라는 사실을 보여 줍니다. 상대성이론이 현실적으로 가장 큰 영향을 미친 것은 '질량-에너지 등가원리'예요. 아인슈타인 이전에는 에너지와 질량이 서로 다른 것으로 간주되었어요. 질량은 존재의 영역에 속하지만, 에너지는 인식의 영역에 속하기 때문이지요. 질량과 에너지는 각각 따로 보존되는 물리량이에요.

19세기에 물리학자들은 에너지가 새로 생성되지도 소멸되지도 않는다는 '에너지보존법칙'을 발견했어요. 이것은 '열역학 제1법칙'의 또 다른 이름이에요. 예를 들어 우리가 돌을 들어 올리면 운동에너지가 사용되지만, 돌을 떨어뜨리면 일을 할 수 있는 위치에너지가 만들어집니다. 질량 또한 생성되거나 소멸되지 않는다는 '질량보존법칙'의 지배를 받습니다. 돌을 잘게 부순다고 해서 질량이 감소하지는 않지요.

우주를 구성하는 모든 물체는 질량과 에너지가 결합된 형태로 나타납니다. 만일 물질을 결합하고 있는 에너지의 작은 부분이라도 풀려난다면 그 결과는 원자폭탄 같은 핵분열로 이어집니다. 질량을 에너지로 바꾸기 위해서는 아주 특별한 물리적 조건이 필요합니다. 예컨대 우주가 창조된 빅뱅 시기에는 10억 도 이상의 엄청난 온도에서 질량과 에너지가 서로 자유롭게 변환되었답니다.

특수상대성이론은 일정한 속도(등속운동)로 움직이는 물체에 적용되는 이론입니다. 이에 비해 일반상대성이론은 가속운동처럼 속도가 변하는 물체에 적용되지요. 아인슈타인은 일반상대성이론을 수립하면서 그 유명한 엘리베이터 사고思考실험을 생각했습니다.

엘리베이터 속의 관찰자는 중력이라는 힘이 물체를 아래로 잡아당긴다는 사실을 알고 있습니다. 만약 엘리베이터가 자유낙하를 한다면 엘리베이터 속 관찰자는 중력을 느끼지 못할 거예요. 이 사고실험을 통해 아인슈타인은 중력과 자유낙하를 하는 물체의 가속운동이 동일한 것임을 밝혀냈어요.

상대성이론은 빛의 속도가 모든 관찰자에게 동일하며, 물체가 빛의 속도에 가깝게 움직일 때 어떤 일이 일어나는지를 매우 성공적으로 기술했어요. 그런데 상대성이론과 만유인력의 법칙은 서로 모순되는 점이 있답니다. 만유인력의 법칙에 따르면 모든 물체 사이에는 서로 끌어당기는 힘이 있어요. 이것은 두 물체 중 하나를 이동시키면 다른 하나에 미치는 힘도 동시에 변화를 일으킨다는 것을 의미하지요. 즉 중력 효과는 상대성이론에 따르면 빛의 속도로 전달되는 것이 아니라 무한한 속도로 즉시 전달된다는 뜻이에요.

예를 들어 태양이 갑자기 사라졌다고 상상해 보아요. 궤도를 유지하게 하는 힘이 사라지면 지구는 곧바로 직선으로 움직일 것입니다. 하지만 지구에 사는 사람들이 볼 때 태양은 8분 뒤에 사라질 거예요. 태양에서 지구까지 빛이 이동하는 데 걸리는 시간이 8분이기 때문이지요. 이런 차이는 중력 효과가 빛보다 먼저 도달한다는 것을 뜻하는데, 이는 빛보다 빠른 것은 없다는 상대성이론에 어긋납니다.

도대체 중력이란 무엇일까요? 이것은 아인슈타인에게 커다란 수수께끼였어요. 그는 10년 동안 이 문제에 매달린 끝에 혁명적인 아이디어를 떠올렸습니다. 가속운동을 하는 사람이라면 누구든 어떤 힘을 느낄 수 있어요. 자동차의 가속 페달을 밟으면 운전자는 몸이 뒤로 밀리는 듯한 느낌을 받고, 커브 길을 돌 때는 옆으로 쏠리는 힘을 받지요. 이런 힘을 '관성력'이라고 해요. 이는 질량을 가진 모든 물체에 적용되는 힘이에요.

중력 또한 모든 물체에 작용하는 힘입니다. 중력의 영향을 받지 않으려면 물체가 하나도 없는 텅 빈 공간으로 가는 수밖에 없지요. 아인슈타인의 혁명적인 아이디어는 중력과 가속운동이 서로 비슷한 것이 아니라 아예 똑같은 현상이라는 것입니다. 그것은 동전의 양면처럼 동일한 실체의 다른 모습에 불과합니다.

아인슈타인은 중력이 다른 힘들과는 달리 실제로 존재하는 힘이 아니며, 시간과 공간이 편평하지 않기 때문에 발생하는 결과라고 주장했습니다. 다시 말해서 시간과 공간은 그 속에 들어 있는 질량과 에너지의 분포에 따라 구부러지거나 휘어져 있다는 것이에요.

지구와 같은 천체는 중력이라는 힘에 의해 휘어진 궤도를 따라 움직이는 것이 아닙니다. 휘어진 공간 속에서 가장 가까운 경로를 따라 직선으로 움직이지요. 예를 들어 구릉지 위를 나는 비행기를 떠올려 보세요. 지구의 표면은 2차원이고 비행기는 3차원 공간에서 직선으로 움직입니다. 그러나 비행기 그림자는 2차원 지면 위에서 구릉의 휘어진 경로를 따라 진행하지요. 마찬가지로 태양의 질량이 시간과 공간을

중력에 의해 휘어진 공간

시공간의 개념을 쉽게 이해하기 위해 실험을 하나 해 볼까요? 매트리스처럼 휘어지는 평면 위에 쇠공처럼 무겁고 둥근 물체를 올려놓아요. 쇠공이 놓인 언저리는 쇠공의 무게 때문에 조금 눌릴 거예요. 이것은 바로 태양처럼 무거운 물체가 시공간에 미치는 영향과 비슷해요.

이제 작고 가벼운 구슬이 매트리스 위를 굴러가게 합니다. 그 구슬은 뉴턴의 운동법칙에 따라 직선으로 움직일 거예요. 다만 무거운 쇠공 가까이에 가면 평면의 기울기 때문에 구슬이 아래쪽으로 쏠리면서 쇠공 쪽으로 끌리게 되지요. 즉 무거운 물체에 의해 생기는 중력은 시공간을 휘어지고 구부러지게 만든다는 것을 알 수 있습니다.

휘어지게 하므로, 지구가 4차원 시공간 속에서 직선으로 움직이는데도 지구는 3차원에서 원 궤도를 따라 움직이는 것처럼 보인답니다.

아인슈타인은 상대성이론 논문에서 태양이나 행성 같은 물체에 의해 휘어진 공간의 기하학을 나타내는 한 쌍의 방정식을 유도했습니다. 이 방정식들은 질량을 가진 물체에 의해 공간이 어떻게 휘어지는지를 정확히 묘사합니다. 아인슈타인은 중력이 시간과 공간의 곡률이라는 것을 입증하기 위해 세 가지 현상을 예측했어요. 그 세 가지란 태양 근처에서 빛이 휘어지는 현상, 수성 궤도의 미세한 변화, 그리고 중력장에서 시간이 느려지는 현상이에요.

빛은 시공간 속에서 가장 가까운 경로를 따라 움직입니다. 아인슈타인은 태양의 질량으로 인해 공간이 휘어져 있기 때문에 태양 근처에서 빛이 약간 휘어질 거라고 예측했어요. 1919년 영국의 천체물리학자 아서 에딩턴은 상대성이론을 입증하기 위해 원정대를 이끌고 아프리카로 떠났어요. 마침내 태양이 달에 완전히 가려지는 개기일식 때 빛이 실제로 태양에 의해 굴절된다는 사실을 발견했지요.

태양에서 가장 가까운 궤도를 도는 수성은 중력의 영향을 가장 많이 받으며, 조금 길쭉하게 늘어난 타원 궤도를 따라 돌고 있어요. 아인슈타인은 타원의 긴지름이 1만 년에 약 1도의 차이로 태양 주위를 회전할 거라고 예측했어요. 이 효과는 비록 아주 작지만, 상대성이론이 발표되기 훨씬 전인 1859년 프랑스 천문학자 위르뱅 르베리에의 관찰로 수성의 근일점(태양 주변을 도는 행성의 궤도 중 태양과 가장 가까운 점) 이동이 확인되었어요. 이것은 상대성이론이 태어나기도 전에 그 이론을 입증한 최초의 사례예요.

상대성이론의 세 번째 예측은 중력장에서 시계가 느려진

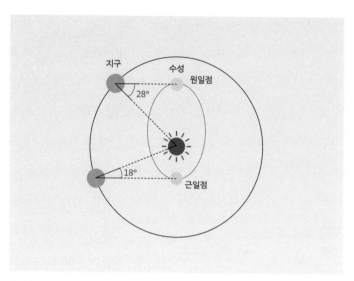

수성의 근일점은 거대한 태양의 질량에 의해 미세하게 변해요.

다는 것입니다. 중력이 클수록 시간은 천천히 흐릅니다. 시간이 얼마나 느려지는지 알고 싶다면 세슘원자시계를 지구 위의 높은 궤도에 일정 기간 놓아두었다가 다시 지구로 가져와 지구에 있던 시계와 비교하면 되지요. 실제로 중력의 영향을 받는 사람은 무중력 상태에 있는 사람보다 덜 늙어요. 아주 미세한 차이지만 고도가 높은 지역에서 사는 사람들은 해수면 근처에 사는 사람들보다 좀 더 빨리 늙는답니다.

아인슈타인의 상대성이론은 태양처럼 질량이 매우 큰 물

체들로 이루어진 거대한 은하, 그리고 빛처럼 빠른 속도로 움직이는 아주 작은 입자들에 적용되는 이론입니다. 그래서 우리의 직관이나 경험에 모순되는 것처럼 보이지요. 하지만 지구상의 모든 물체는 비록 그 효과가 미미할지라도 상대성이론의 영향을 받고 있습니다.

가장 대표적인 예는 위성위치확인 시스템^{GPS}입니다. GPS는 자동차를 목적지까지 안내해 주지요. 비행기나 배도 GPS를 이용해 항로를 정하고 목적지를 찾아갑니다. GPS 정보는 지구 주위를 돌고 있는 인공위성들이 알려 주는데, 이 위성들은 자체에 원자시계를 갖고 있답니다.

내비게이션으로 어떤 곳의 위치를 알기 위해서는 인공위성의 시계와 지구에 있는 시계가 정확히 일치해야 해요. 위성은 시속 1만 4,000킬로미터의 속도로 지구 주위를 돕니다. 그런데 특수상대성이론에 따르면 빠르게 이동하는 물체는 시간이 느려져요. 계산에 따르면 위성에서는 하루에 7ms(밀리초, 1ms=1,000분의 1초)씩 시간이 느려져요.

한편 위성은 지표면에서 2만 킬로미터 높은 곳에서 지구 주위를 돌고 있어요. 그런데 일반상대성이론에 따르면 중력이 약한 곳에서는 시간이 빨리 가지요. 이 때문에 위성 시계는 지표면보다 하루에 45ms 더 빨라져요. 따라서 특수상대성이론과 일반상대성이론의 두 가지 효과를 모두 고려하면, 결국 위성의 원자시계는 지표면보다 38ms 정도 빨리 가게 돼요. 즉 한 달에 약 1초 이상의 오차가 생기는 거지요. 이 것을 시속 100킬로미터의 속도로 움직이는 자동차에 비유한다면 원래 위치에서 약 30미터의 거리를 벗어나게 돼요. 따라서 우리가 자동차로 내비게이션을 이용해 원하는 곳에 가기 위해서는 상대성이론에 의한 효과를 보정해 주어야 해요.

상대성이론은 19세기 독일의 수학자 게오르크 리만이 없었다면 탄생하지 못했을 것입니다. 리만은 처음으로 휘어진 공간을 발견했어요. 지구의 표면은 2차원으로 구부러진 평면이에요. 지구의 어느 곳에서든 같은 방향으로 여행하면 결국 우리는 지구를 한 바퀴 돌아 처음의 출발점으로 되돌아올 거예요. 마찬가지로 3차원 우주에서 같은 방향으로 여행을 계속하면 원래의 출발점으로 되돌아올지 몰라요. 이것은 우주 자체가 구부러져 있음을 의미합니다. 한편 우주가 구부러져 있지 않다면, 다시 말해서 스스로에게 닫혀 있지 않다면 결국 우주는 무한할 수밖에 없어요.

20세기 초 미국의 천문학자 에드윈 허블은 우주가 멀어지고 있다는 사실을 발견했어요. 이것은 약 46억 년 전 빅뱅과 더불어 시작된 우주의 진화 과정을 보여 줍니다. 우리에게 멀리 떨어져 있는 별이나 은하일수록 멀어져 가는 속도도 빨라져요.

리만은 '비유클리드 기하학'이라고 하는 곡률 개념을 정립했어요. 곡률이란 어떤 곡선이나 곡면이 휘어진 비율을 뜻해요. 예를 들어 달걀 껍데기의 표면은 가운데 부분의 둘레가 양 끝을 잇는 부분보다 조금 더 많이 휘어져 있지요. 현대의 천문학자들은 리만의 곡률 개념을 이용해 멀어져 가는 은하들 사이의 거리를 계산합니다. 우주가 무한히 열려 있는 공간인지 아니면 닫혀 있는 공간인지 알기 위해서 말이지요.

확률과 통계

결정적 질문 ⑥

에너지

계산할 수 있을까?

동전을 던지면 앞면이 나올까요, 뒷면이 나올까요? 이것을 확실히 예측할 수 있는 사람은 아무도 없습니다. 심지어 앞면만 연달아 열 번이 나왔다 해도 다음 번 던졌을 때 어떤 면이 나올지 예측하는 능력은 눈곱만큼도 향상되지 않았죠.

확률이론은 엄청나게 많은 실험 결과에 정보를 제공하는 것이지, 특정 실험의 결과를 예측할 수 있는 것은 아니에요. 그러나 동전 던지기에서 우리가 확실히 예측할 수 있는 것이 있습니다. 만일 동전을 100만 번 던진다면 앞면과 뒷면이 절반씩 나온다는 사실이에요. 던지는 횟수가 많을수록 각각의 확률은 2분의 1에 가까워지죠. 실제로 19세기 말 영국의 통계학자 칼 피어슨은 동전을 2만 4,000번이나 던지는 실험을 했습니다. 그 결과 앞면이 나온 횟수는 모두 1만 2,012번이었어요. 이것이 확률이론의 전부라고 해도 과언이 아닙니다.

'생명표'에서 시작된 통계학

확률이론이 수학의 다른 분야에 비해 늦게 발달한 이유는 무엇일까요? 아마도 불확실성에 대한 우리의 직관과 잘 일치하지 않기 때문일 것입니다.

오랜 옛날부터 사람들은 불확실한 상황에 맞서기 위해 주술적인 종교 의식에서 주사위나 구슬을 사용했습니다. 기원전 3500년경의 유물인 양의 뒤꿈치 뼈나, 바빌로니아에서 발견된 기원전 300년경의 정육면체 도자기도 주사위 놀이에 사용된 것으로 추측됩니다. 이집트의 무덤, 그리스 시대의 화병, 로마의 벽화에서도 동물 뼈로 만든 주사위로 게임을 하는 모습들이 발견됩니다. 주사위를 던지거나 구슬을 꺼내는 행위는 확률에 속합니다. 하지만 그때는 그 행위에서 어떤 규칙성을 찾아내기보다는 그것을 단순히 신의 뜻으로 해석했답니다.

1501년에 태어난 지롤라모 카르다노는 수학을 이용해 처음으로 확률 문제를 해결하려고 시도했던 수학자이자 철학자입니다. 당시 카르다노가 살았던 이탈리아는 아랍과 동양의 문물을 받아들이는 관문이었어요. 덕분에 다른 지역보다 먼저 아라비아 숫자와 10진법이 들어왔고, 카르다노는 주사위 던지기나 카드 분배 같은 확률 문제를 연구해 《운에 맡기는 게임에 관한 책》으로 남길 수 있었답니다.

'통계학'이라는 용어는 이탈리아어에서 유래했습니다. 처음에는 단순히 정부 관리들이 수집한 사실들을 가리키는 말이었어요. 현대적인 의미의 통계학 연구를 최초로 한 사람은 17세기 런던의 상인이었던 존 그라운트입니다.

단추나 바늘, 천 등을 팔았던 그라운트는 어느 날 〈사망자 수 보고서〉라는 자료에 관심을 갖게 되었어요. 그것은 주간 사망자 수를 행정구역별로 집계한 보고서였습니다. 끔찍한 전염병이 퍼지는 것을 방지하기 위해 1604년부터 런던에서 발행하고 있었지요. 그라운트는 이 보고서의 수치를 이용해 남녀노소의 비율과 수명, 건강, 생식력, 계절, 풍토에 따라 자그마치 63개 항목의 병명을 나열했어요. 그리고 이를 통해 출생 시 남녀성분비가 일정하다는 사실을 최초로 증명했지요.

당시는 연령 분포를 추론할 만한 자료가 충분하지 않았어요. 하지만 그라운트는 놀라운 통찰력으로 어린이의 사망률과 노인 사망자 수 등을 추정했답니다. 그는 다양한 질병으로 인한 죽음이 단순히 운이나 우연에 따른 게 아니라고 생각했어요. 결국 그것은 대단히 확실하고 규칙적으로 발생한다는 사실을 밝혀냈지요. 그의 또 다른 선구적인 노력은 살아 있는 인구에 대한 연령 분포, 다시 말해 '생명표'를 만들려고 했다는 점이에요.

이러한 그라운트의 연구는 결국 통계학이라는 학문의 출발점이 되었어요. 또한 개인과 집단의 다양한 관계를 다루는 사회학이 그의 연구 덕분에 과학적이고 정량적인 학문으로 발돋움하게 되었답니다.

통계를 수학의 한 분야로 자리 잡게 하는 데 중요한 역할을 한 사람은 핼리 혜성을 예측한 에드먼드 핼리입니다. 영국의 천문학자 핼리는 뉴턴에게 《프린키피아》를 쓰도록 설득하기도 했지요. 그는 생명표를 이용해 사망자 수에 대한 추정뿐 아니라 기대수명에 따른 연금액을 산출하는 방법을 연구했습니다. 그 연구 논문은 생명보험의 기초를 이루는 수학이 되었어요. 보험회사들은 배당금을 결정하기 위해 핼리의 생명표를 면밀히 검토하기 시작했지요.

통계가 죽음에만 관심이 있는 것은 아닙니다. 통계는 단순한 신체 특징에서 지적 산물에 이르기까지, 우리 생활의 모든 측면을 반영하고 있답니다. 통계의 잠재력을 인식하고 이것을 사회과학의 법칙으로 발전시킨 최초의 인물은 '근대 통계학의 아버지'로 불리는 벨기에의 아돌프 케틀레입니다.

1823년 케틀레는 천문관측 기술을 공부하기 위해 국비로 파리 유학을 떠났습니다. 당시 프랑스 파리는 전 세계 수학의 중심지였지요. 파리에서 석 달을 지내는 동안 케틀레는 방향을 완전히 바꿔 확률이론에 심취하게 되었어요. 그는 사회현상에도 어떤 원인이 있다고 생각했어요. 따라서 통계적 결과에서 드러나는 사회현상의 규칙성을 살피면 사회 질서의 밑바탕을 이루는 법칙을 발견할 수 있다고 주장했지요.

케틀레는 통계적 방법을 시험하기 위해 인간의 신체와 관련된 수천 가지 자료를 수집하는 대규모 계획을 세웠어요. 이를테면 스코틀랜드 군인 5,738명의 가슴둘레와 프랑스 군인 10만 명의 키 분포를 조사했어요. 조사한 키는 150~155센티미터, 155~160센티미터 등의 구간으로 나누었어요. 그리고 각 구간에 몇 명이 속하는지 그래프로 나타냈지요. 이 과정에서 놀랍게도 오늘날 '정규분포'라는 이름으로 알려진 종 모양의 분포곡선이 나타났어요.

키, 몸무게, 다리 길이뿐만 아니라 당시에는 낯설었던 심리 테스트에 따른 지적 능력에서도 같은 형태의 곡선이 반복적으로 나타났어요. 훗날 나온, '가우스분포'라고도 하는 정규분포곡선 자체는 그리 새로울 것도 없었지요. 과학자들

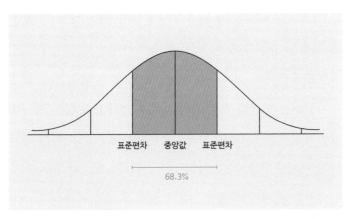

표준편차   중앙값   표준편차

68.3%

인간의 키와 몸무게, 아이큐뿐만 아니라 야구의 평균 타율, 주식 수익률 등 대부분의 통계 지표는 정규분포곡선의 형태를 띱니다.

은 18세기부터 이 곡선을 알고 있었고, 케틀레도 천문학 연구를 하면서 자주 접했던 곡선이니까요. 하지만 이 곡선이 인간의 특성과도 연관된다는 사실은 다소 놀라웠답니다.

이 곡선을 '오차곡선'이라고도 해요. 측정할 때 나오는 모든 종류의 오차가 나타나기 때문이지요. 예를 들어 아주 정밀한 저울로 어떤 물체의 무게를 측정해 볼까요? 이때 1,000번 측정한다면 무게가 매번 정확히 같은 값을 나타내지는 않는다는 것을 알 수 있어요.

측정값은 대부분 중앙에 밀집되어 있지만, 어떤 측정값은 좀 더 높거나 낮을 것입니다. 만일 측정 횟수와 무게의 관계를 그래프로 나타내면 케틀레가 발견한 것과 같은 종 모양의 곡선을 얻을 수 있어요. 측정 횟수가 많으면 많을수록 정규분포곡선에 더 가까운 모양이 되지요.

케틀러는 인간의 특성이 정규분포 형태를 띤다는 사실을 발견하고, 이를 자연이 만들고자 했던 '평균인'에 대한 증거라고 여겼습니다. 다시 말해 모든 인간은 하나의 틀에서 만들어졌다고 생각한 것입니다. 평균인에 대한 케틀레의 생각을 무시하더라도 몸무게에서 아이큐[IQ]에 이르기까지 다양한 특성들이 모두 정규분포곡선을 따른다는 것은 무척 놀라운 사실입니다.

더욱 재미있는 사실은 야구에서 평균 타격수나 주식의 연간 수익률도 정규분포와 상당히 비슷하다는 점이에요. 경우에 따라서는 어떤 통계치가 정규분포를 벗어나면 면밀히 조사하기도 합니다. 예를 들어 도심에서 노선버스의 운행 간격이 정규분포를 나타내지 않는다면 운전사의 운전 습관이나 도로의 교통 상황을 조사해 볼 필요가 있지요.

여기에서 한 가지 흥미로운 의문이 생깁니다. 만일 인간의 신체와 정신적 특성이 모두 정규분포를 따른다면 개인 소득은 왜 사람마다 다를까요? 이 질문을 통해 우리는 인간의 특성이 통계적 분포뿐만 아니라 상관관계라는 수학적 개념과도 연결되어 있다는 것을 알 수 있습니다.

오늘날 의학 연구와 경제 전망은 상관관계의 분석과 계산에 철저히 의존합니다. 예를 들어 흡연과 폐암, 자외선 노출과 피부암 사이의 연관성은 먼저 상관관계를 발견하면서 밝혀졌지요. 주식시장의 애널리스트들은 주식시장 변화와 다른 변수들 간의 상관관계를 발견하고 이를 정량화하기 위해 끊임없이 노력합니다.

상관관계 T I P

한 변수의 값이 변할 때 다른 변수가 함께 변하는 정도를 나타냅니다. 예를 들어 키가 자라면 일반적으로 신발도 더 큰 것을 신게 되지요. 이와 비슷하게 심리학자들은 부모의 지능 및 소득과 자녀의 학교 성적 사이에 상관관계가 있다는 사실을 발견하기도 했어요.

한 변수가 증가하거나 감소할 때 그에 따라 다른 변수가 비례한다면 '상관계수'는 1이 됩니다. 반면 한 변수가 증가할 때 다른 변수가 감소한다면 상관계수는 −1이 됩니다. 만약 두 변수가 서로 아무런 영향을 미치지 않는다면 상관계수는 0이 되지요. 부동산과 금리의 관계를 예로 들어 볼까요? 일반적으로 부동산 가격이 오르면 금리는 낮아지고, 부동산 가격이 내려가면 금리는 높아지지요. 이런 경우 둘 사이의 상관계수는 −1이 됩니다.

그러나 상관관계가 반드시 인과관계를 나타내지는 않습니다. 가령 텔레비전 판매량이 증가했는데 때마침 클래식 공연의 관객수도 증가하는 때도 있지요. 이는 텔레비전이 음악에 대한 안목을 높여 주었다기보다는 두 곳의 경기가 모두 좋아진 것으로 해석할 수 있습니다.

통계학은 사회과학을 과학의 한 분야로 편입하면서 현대 사회를 해석하는 가장 효과적인 도구 중 하나가 되었습니다. 그런데 통계학이 이토록 효과를 발휘하는 이유는 무엇일까요? 그 해답은 확률에서 찾아볼 수 있습니다.

결정을 내리기가 힘든 상황에서 사람들은 어떤 특정한 결과가 나올 확률을 계산합니다. 사실 정확한 결과를 예측하기 어려울 때는 다른 결과가 나올 가능성을 계산하는 것이 더 현명한 방법이에요. 통계와 확률은 이렇게 막연한 추측이나 미래의 결과를 예상하는 데 적합한 도구예요. 통계와 확률은 경제나 스포츠를 비롯해 다양한 사회현상을 분석해서 미래의 불확실성을 제거해 줍니다. 어린이들의 아이큐를 검사할 때, 축구 경기의 승률을 계산할 때, 주식의 가치를 평가할 때 모두 수학의 통계 법칙과 확률을 이용하지요.

우리가 담배와 관련된 질병으로 죽을 확률은 얼마나 될까요? 이 문제를 풀 수 있는 순수한 수학은 존재하지 않습니다. 대신 통계학자들은 세계 각국의 자료를 수집해 그럴 듯한 답을 내놓습니다. 자료에 따르면 미국에서는 흡연으로 인해 사망하는 인구가 매년 약 40만 명이라고 합니다. 이것은 약 400명의 승객을 태울 수 있는 비행기가 매일 세 대씩 추락하는 것과 같습니다.

자동차 사고가 났을 때 안전벨트를 맨 사람이 살아날 확률은 얼마나 될까요? 통계에 따르면 안전벨트를 착용한 경우 사망률은 50퍼센트로 줄어들고, 에어백이 있으면 생존률이 11퍼센트 높아진다고 해요.

오늘날 통계학은 수많은 방식으로 우리의 삶을 지배합니다. 우리가 무엇을 구입할 것인지, 어떤 영화를 볼 것인지 결정하는 것은 광고와 관련된 통계학이 결정합니다. 통계학자들은 단지 숫자들만 수집할 뿐이에요. 그 숫자들 속에 바로 우리가 어떻게 살고 있으며, 무엇이 필요한지, 심지어 우리가 어떻게 죽을지에 관한 정보들이 담겨 있지요. 우리가 연극이나 소설에서 삶의 의미를 찾듯이 통계와 확률은 우리들에게 삶의 모습을 보여 준답니다.

무질서에서 질서를 찾다

인류는 별들의 움직임에서 일정한 규칙을 발견하면서 점차 모든 자연현상을 예측할 수 있다고 믿게 되었습니다. 복잡한 자연현상도 몇 가지 공식과 법칙에 따라 설명할 수 있다고 믿었지요. 이런 믿음은 뉴턴의 운동법칙에 의해 더욱 커졌으며, 라플라스의 결정론적 세계관에서 정점에 이르렀습니다. 라플라스는 현재는 과거와 마찬가지로 초기조건에 의해 이미 결정되어 있으며, 따라서 미래를 정확히 예측하는 게 가능하다고 주장했습니다.

하지만 20세기 들어 상대성이론과 양자역학을 통해 밝혀진 자연은 우리의 예상을 완전히 벗어난 것이었습니다. 특히 하이젠베르크의 불확정성원리는 미시 세계의 근본적인 불확실성을 보여 주면서 결정론적 세계관의 몰락을 가져왔지요.

사실 우리 주위에서도 예측 불가능한 현상들을 수없이 많이 찾아볼 수 있습니다. 한 예로 풍선을 불고 입구를 봉하지 않은 채 손에서 놓으면 풍선은 전혀 예측할 수 없는 방향으로 날아가지요. 담배 연기도 규칙적으로 올라가는 듯하다가 이내 나선형으로 돌며 불규칙하게 흩어집니다. 깊은 산속 계곡물의 급류나, 물에 떨어진 잉크 방울의 움직임, 구름의 형태를 끊임없이 바꾸는 기류의 흐름 역시 마찬가지예요. 이렇게 세상은 무질서하고 불안정하며 혼란스러운 현상으로 가득 차 있습니다.

이러한 불규칙성을 어떻게 설명할 수 있을까요? 이 의문에 대한 실마리를 제공한 사람은 프랑스 수학자이자 물리학자 쥘 앙리 푸앵카레입니다. 1887년 스웨덴의 국왕 오스카 2세는 '태양계는 과연 안정된 상태인가?'라는 천문학의 오랜 궁금증을 해결하는 사람에게 2만 5,000크라운의 상금을 준다고 선포했습니다. 태양과 아홉 개의 행성, 소행성과 수많은 위성이 안정된 궤도를 계속 돌 것인가, 아니면 언젠가는 궤도를 이탈해 태양과 충돌할 것인가를 묻는 문제였지요. 두 물체 사이의 상호작용은 만유인력의 법칙을 이용하면 간단히 설명할 수 있습니다. 하지만 지구와 달, 태양처럼 세 개 이상의 물체가 엮여 있을 때 각 물체의 움직임을 설명하는 것은 매우 어려운 문제였습니다.

그때 푸앵카레는 비선형방정식을 이용해 근사치를 구해나감으로써 행성들의 궤도에 대해 설명했습니다. 그에 따르면 대부분의 경우 미세한 섭동은 무시해도 될 정도로 행성들은 안정된 궤도를 유지합니다. 그러나 어떤 경우는 미세한 차이로도 행성의 궤도가 크게 흔들릴 수 있습니다. 또 충분한 시간이 지나면 궤도를 이탈할지도 모르고요. 따라서 이러한 행성들의 궤도를 알기 위해서는 비선형방정식을 이용할 수밖에 없다는 것이 푸앵카레의 논리였지요. 바로 이것을 '섭동이론'이라고 부릅니다.

푸앵카레는 혼돈의 예측 불가능에서 비롯되는 '결정론적계*에서 초기조건의 민감성'을 최초로 밝혀냈다고 할 수 있습니다. 이러한 그의 연구는 훗날 '카오스이론'을 이끌어 냅니다. 카오스이론은 불규칙하고 무질서해 보이는 자연현상 속에도 나름의 질서와 규칙이 있다고 말하며, 그 규칙을 알아내기 위해 고도의 수학 방정식들을 이용합니다. 카오스를 과학적으로 처음 연구한 사람은 미국 기상학자 에드워드 노턴 로렌즈입니다.

1961년 어느 겨울날, 로렌즈는 초창기 컴퓨터를 이용해 기상 현상을 계산하고 있었어요. 기온과 기압, 풍속에 관한 방정식 등 열두 개의 방정식을 컴퓨터에 프로그래밍하고 바람의 경로를 계산했지요. 그는 그래프를 간단하게 출력할 생각으로 처음에 만들었던 초기조건을 다시 입력합니다. 한 시간 후 그는 새로 계산된 결과가 이전과 어긋난다는 것을 발견했습니다. 문제는 입력한 숫자들에 있었지요. 컴퓨터에는 소수점 이하 여섯째 자리까지 기억되어 있었지만, 인쇄할 때는 분량을 줄이기 위해 소수점 이하 셋째 자리까지만 나타나게 했고, 이 결과를 다시 초기조건으로 입력했어요. 1,000분의 1 정도의 오차는 의미가 없다고 생각하고 반올림한 세 자리 숫자를 입력했던 것이지요.

수치상의 작은 오차는 그저 나비의 작은 날갯짓 같은 것이었습니다. 하지만 그 결과는 폭풍처럼 큰 변화를 만들어 냈지요. 이 사실에 로렌즈는 적잖이 충격을 받아 '카오스이론'을 고안해 냈습니다. 그는 단순한 기상 모델에서 정교한 기하학적 구조를, 즉 임의성을 가장한 질서를 발견해 냈습니다. 다시 말해 초기조건에 매우 민감한 비주기적이고 비선형인 복잡계에서 일어나는 현상을 연구했습니다. 혼돈의 세계에도 나름의 질서가 있다는 것을 증명해 낸 것이지요.

이러한 연구는 《결정론적인 비주기성 흐름》이라는 논문으로 탄생했습니다. 논문 말미에 실린 로렌즈방정식의 신비한 이중 나선은 '나비효과'라는 용어를 탄생시켰고, 훗날 많은 일러스트와 영화에서 사용되었지요. 오늘날 나비효과는 다음의 유명한 문장으로 널리 알려져 있습니다. "북경에서 나비 한 마리가 날갯짓을 하면 뉴욕에 폭풍이 몰아친다."

복잡계는 특유의 작은 교란에서도 불규칙성이 지속된다

면 안정적일 수 있습니다. 예를 들어 어떤 환경에서 생물의 개체 수는 일정한 평형상태 주위에서 상당히 규칙적인 주기성으로 증가하거나 감소합니다. 이것은 시장경제의 다양한 변수에 따라 주가가 널뛰는 주식시장에서도 확인할 수 있어요.

복잡계란 수많은 구성 요소의 상호작용을 통해 각각의 특성과는 전혀 다른 새로운 현상과 질서가 나타나는 시스템을 말해요. '복잡하다'는 표현은 흔히 두 가지로 나타낼 수 있어요. 먼저 시스템을 구성하는 요소들 자체는 단순하지만, 그것들이 어우러져 나타나는 현상이 복잡한 경우를 들 수 있지요.

인체를 구성하는 조직과 장기는 세포로 이루어져 있어요. 세포는 단백질 분자와 DNA로 구성되어 있고요. DNA는 당, 인산, 염기로 이루어진 단순한 화학물질이지만, 그들의 집합체인 생물은 살아 있는 존재예요. 이와 같이 하위 계층인 구성 요소에서는 보이지 않던 특성이 상위 계층인 전체 구조에서 돌연히 나타나는 현상을 창발성emergence이라고 해요. 개미 사회는 여왕개미와 일개미, 병정개미 들이 제각각 무질서하게 움직이는 것처럼 보이지요. 하지만 전체적으로는 통일되고 고도로 분화된 집단사회를 보여 줍니다.

겉으로 보기에는 규칙적이지만 구성 요소들이 복잡한 경우도 있습니다. 인간 사회는 다양하고 수많은 개인이 복잡한 관계를 맺으며 끊임없이 상호작용합니다. 그러나 사회구조는 종종 놀라울 정도의 질서와 규칙을 가진 집단 현상을 보여 주지요. 이처럼 각각의 요소들이 다양한 방식으로 상호작용하면서 나타나는 현상들은 언뜻 무질서해 보이지만, 혼돈과 질서의 경계에서 보다 차원이 높은 새로운 질서와 규칙을 보여 줍니다.

끊임없이 변하는 환경에 적응하며 진화하는 생명체들은 안정된 균형 상태나 무질서한 혼돈 상태도 아닌 중간 상태에 있을 때 더욱 잘 적응합니다. 균형 상태에서의 작은 변화는 다시 안정된 상태로 되돌아가려는 성질을 갖는 반면, 혼돈 상태에서의 작은 변화는 차별화되지 못하고 묻혀 버리기 때문이지요. 균형과 혼돈의 중간 상태에서 일어나는 변화들은 다양한 형태를 갖게 되는데, 이러한 상태를 '혼돈의 가장자리'라고 부릅니다. 가장 대표적인 경우가 심장박동의 리듬이에요.

건강한 사람의 심장은 매우 규칙적일 것 같죠? 하지만 실제로는 미세한 수준에서 불규칙한 박동이 나타납니다. 그에 반해 환자들의 심장박동은 매우 규칙적입니다. 건강한 사람의 심장은 혈액 공급이 원활하지 못하면 박동 간격을 좁혀서 혈액 공급량을 늘려요. 만일 심장 질환이 생기면 유연성이 부족해 동적인 평형상태를 회복하지 못하게 되지요. 결국 생명체는 질서 정연하게 운동하는 정적인 시스템이 아니라 급변하는 환경에서 불규칙하지만 역동적인 시스템을 갖는 카오스 상태를 보여 준답니다.

'프랙털fractal'이라는 개념을 제시한 미국 수학자 브누아 망델브로는 1970년대 중반 미국의 컴퓨터 제조업체 IBM의 연구원이었습니다. 당시 그는 1900년대 이후의 면화 가격 자료를 면밀히 분석하면서 놀라운 결과를 발견했어요. 개개의 가격 변동은 임의적이고 예측 불가능했지만, 일련의 변동을 표시하는 곡선, 즉 매일의 가격 변동과 매달의 가격 변동 곡선은 완전히 일치했던 것입니다. 그가 분석한 결과에 따르면 두 차례의 세계대전과 한 차례의 대공황을 거친 60년 동안 가격 변동 정도가 항상 일정하게 유지되었어요.

이러한 관찰과 연구를 통해 망델브로는 자연현상의 불규칙성에 관한 중요한 발견을 했습니다. 그에 따르면 자연에서 보이는 불규칙한 유형들과 무한히 복잡한 형태에는 자기 유사성이 있다고 해요. 그는 이것을 프랙털이라고 불렀어요.

망델브로가 면화의 가격 변동에서 주기적인 규칙성을 발

프랙털

부분과 전체가 크기만 다를 뿐 똑같은 모양이 무한히 계속되는 기하학적 구조를 말합니다. 눈송이에서부터 불연속적인 은하계에 이르기까지 언뜻 복잡해 보이는 자연 속에는 일정한 질서와 규칙을 가진 프랙털 구조가 숨어 있어요. 자연 속에 숨어 있는 불규칙성을 간파한 망델브로는 다음과 같이 주장했어요. "구름은 둥글지 않으며, 산은 원뿔 모양이 아니다. 해안선은 부드러운 곡선이 아니며, 번개는 결코 직선으로 퍼져 나가지 않는다." 망델브로는 자연의 갖가지 형태에 들어 있는 불규칙성의 정도는 그 규모에 상관없이 일정하다는 사실을 발견했어요.

"영국 해안선의 길이는 얼마나 될까요?" 해안선의 길이는 닫힌 폐곡선 형태이지요. 따라서 주어진 오차 범위에서 일정한 값을 가질 것이라고 생각하는 사람이 많을 거예요. 하지만 놀랍게도 그에 대한 답은 자의 크기에 따라 달라져요. 영국 해안선의 길이는 자의 길이가 짧아질수록 지수함수적으로 늘어난답니다.

여기서 우리는 기존의 차원과는 또 다른 세상을 만나게 돼요. 유클리드 기하학에서 선은 1차원, 면은 2차원, 공간은 3차원이라는 정수 차원을 가지고 있지요. 그러나 로렌즈방정식이나 망델브로 집합에서 나타나는 복잡계는 정수가 아닌 분수의 프랙털 차원을 보여 줍니다.

프랙털은 눈송이에서 은하계에 이르기까지 자기 복제 과정을 통해 무한히 계속되는 기하학적 구조를 보여 줍니다.

견한 것처럼 수학자들은 금융시장에 카오스이론을 적용하기 시작했습니다. 1970년대에는 금융시장에서 주식을 분석하기 위해 수학이 적용되었어요. 그리고 이 시기에 새로운 종류의 파생금융 상품이 개발되었지요. 대표적인 파생금융 상품으로 '선물·옵션'이 있어요. 선물·옵션이란 미래의 특정 시점에 매매되는 상품의 거래 가격을 미리 정해 놓은 것을 말해요.

　1973년 미국의 경제학자 피셔 블랙과 마이런 숄스는 파생 상품의 위험을 분석하고 가격을 결정하는 모형을 만들었습니다. 그들은 주식이 무작위적인 운동을 하며 '위험 없이는 이자율 이상의 수익을 올릴 수 없다'는 가정 아래 옵션의 가격을 만족시키는 방정식을 유도했어요. 바로 블랙-숄스 모형이지요. 그 후 블랙-숄스 모형은 금융 산업 전체를 획기적으로 바꾸어 놓게 되었답니다.

전체가 부분들의 합보다 큰 이유

뉴턴과 데카르트에 의해 만들어진 고전적인 세계관은 인과적 결정론과 환원주의로 요약할 수 있습니다. 이에 따르면 원인을 알면 결과를 예측할 수 있으며, 구성 요소들을 모두 합하면 전체가 된다고 합니다. 그러나 대부분의 자연이나 사회현상은 원인과 결과에 따른 선형성을 보이지 않지요. 구성 요소들 간의 상호작용으로 만들어지는 복잡성 때문에 결과를 예측할 수 없으며, 항상 불안정한 균형 상태를 유지합니다

사회과학에서 경제학만큼 수학적 도구를 많이 사용하는 분야는 없을 것입니다. 노벨경제학상 수상자들의 업적에는

언제나 경제현상을 설명하거나 예측하는 수학적 모델이 있지요. 영화 〈뷰티풀 마인드〉에 등장하는 주인공의 실제 모델인 존 내시의 업적도 마찬가지입니다.

내시는 '죄수의 딜레마'로 잘 알려진 게임이론을 수학적으로 풀어냈습니다. 그 후 게임이론은 경제, 경영 분야에 엄청난 영향을 미쳤지요. 원래 수학자인 내시는 결국 1994년에 노벨경제학상까지 받았습니다.

애덤 스미스에서 시작되는 신고전학파 경제학자들은 시장의 안정과 수요와 공급의 균형을 유지하는 '보이지 않는 손'이 존재한다고 주장했습니다. 그들은 경제 시스템을 가정, 기업, 국가와 같은 개별 주체로 나누어 분석했어요. 그들의 주장에 따르면 균형은 수요와 공급이 만나는 지점에서 결정된다고 합니다. 그리고 경제는 기본적으로 균형을 이루고 있으며, 외부의 충격에 따라 호황과 불황이 되풀이된다고 해요. 그러나 복잡계 경제학에 따르면 경제는 안정된 평형상태에 놓인 시스템이 아니에요. 초기의 작은 차이가 나중에 예상치 못한 큰 결과를 초래할 수 있을 만큼 시장은 불안정하며, 합리적이지도 않고요.

주류 경제학은 시장의 안정과 균형을 '수확체감의 법칙'으로 설명합니다. 일을 두 배로 한다고 해서 수확이 두 배가 되지는 않지요. 일정한 수준이 지나면 수익성은 투자량에 비례하지 않게 됩니다. 수확체감의 법칙에 따르면 어떤 회사나 상품도 시장을 독점할 수 있을 만큼 성장하지 못한다고 해요. 결과적으로 경제는 늘 안정된 상태를 유지하게 되는 거지요.

이에 반해 복잡계 경제학은 '수확체증의 법칙'을 통해 선점 효과와 단일 품목의 시장 집중화에 따른 독과점을 주장합니다. 대표적인 사례로 1970년대 중반 전자기기 제조업체인 소니와 마쓰시타의 경쟁을 들 수 있어요. 당시 비디오 녹화 방식으로 소니는 베타맥스^{VTR} 방식을, 마쓰시타는 VHS 방식을 선택했지요. 많은 전문가는 베타맥스가 기술적으로 우수하다고 평가했어요. 그런데도 1980년대 들어서자 VHS 방식이 비디오 시장을 순식간에 점령해 버렸지요. VHS 방식의 비디오는 기술적인 열세에도 불구하고 초기에 시장을 약간 더 확보하고 있었어요. VHS 방식의 사소한 점유율 우위는 선점 효과로 이어져 베타맥스 방식을 밀어내고 시장을 지배하게 되었답니다.

같은 물건을 파는 상점들이 모여 있는 시장도 마찬가지 효과를 보여 줍니다. 상점들이 많을수록 더 많은 사람이 모여들고, 그로 인해 더 많은 상점이 몰리면서 거대한 시장을 형성하게 되지요. 미국의 실리콘밸리나 할리우드도 같은 시너지 효과를 보여 줍니다. 이처럼 선점 효과로 인한 초기의 작은 차이가 점점 큰 수익을 내면서 시장을 장악하고 독점하는 경우도 복잡성 과학으로 설명할 수 있어요.

기존의 기계론적 과학이 다양하고 복잡한 현상 속에서 동일성과 단순성을 찾아내려고 했다면, 복잡성 과학은 단순한 구조에서 출발해 다양하고 복잡한 세계를 이해하려고 합니다. 복잡성 과학이 주목받는 이유는 대부분의 자연과 사회현상이 복잡계와 매우 유사한 특징을 지니고 있기 때문이에요.

복잡계는 부분들의 단순한 덧셈이 아니라 개별 주체들의 관계와 소통이 어우러진 세상입니다. 기업 조직이나 경제는 계획과 설계로 만들어진 기계가 아니라 살아 있는 생물체처럼 움직이지요.

복잡계의 또 다른 특징은 자기 조직화예요. 즉 불균형 상태의 시스템이 구성 요소들 간의 집단적인 상호작용을 통해 스스로 조직화된 질서를 만들어 내지요. 자기 조직화 능력이 있는 생명체의 관점에서 볼 때 전체는 부분들의 합보다 큽니다. 전체를 부분으로 나누어 분석하는 환원주의로는 구성 요소들의 끊임없는 상호작용을 통해 나타나는 창발성을 이해할 수 없어요.

카오스이론과 복잡성 과학은 시스템 사고와 창발성을 이해하기 위해 상태보다는 과정, 존재보다는 변화를 탐구하는 분야입니다. 복잡한 세상을 수학적으로 표현하는 카오스이론은 현대 수학에서 가장 중요한 성장 분야에 속하며, 아마도 창의력을 가장 필요로 하는 분야일 것입니다.

수학으로 생각하는 디지털 혁명

현대사회를 디지털 시대라고 부르지요. 그만큼 우리 생활 주변의 수많은 기기는 디지털 방식을 취하고 있어요. 사실 디지털과 아날로그는 오랜 세월을 사이좋게 공존해 왔습니다. 아날로그란 사인파 형태로 전달되는 소리나 전류처럼 신호의 크기가 연속적으로 변하는 경우를 말해요. 디지털은 신호의 크기가 0과 1의 이진수로 표현된 정보를 뜻하고요.

가장 오래된 아날로그 계산기로 고대 천문학자들이 사용한 천문 관측의를 들 수 있습니다. 토목, 건축에서도 오랫동안 아날로그 계산기의 일종인 계산자를 이용해서 복잡한 계산을 빠르게 수행할 수 있었어요. 최근에는 1931년 미국의 기술자 버니바 부시가 가장 창의적인 계산기로 꼽히는 미분해석기를 만들었어요. 하지만 곧이어 디지털 컴퓨터가 나오면서 의해 무용지물이 되고 말았지요.

현재 사용하는 컴퓨터는 모두 디지털 방식으로 작동하지만, 초창기 컴퓨터 가운데는 아날로그 방식으로 만들어진 것도 있었어요. 당시 아날로그 컴퓨터는 제2차 세계대전에서 방공 체계의 구축을 위한 탄도 계산 분야에 활용되었지요. 즉 목표물의 속도, 고도, 위도 등 다양한 변수를 아날로그 형식으로 입력하고 연산 과정을 거친 다음 아날로그 형식으로 출력하는 거랍니다.

항공기나 방공 체계에서는 장비가 효율적으로 작동되었으므로 아날로그 방식도 별 무리가 없었어요. 그러나 이 방식은 정확도와 신뢰도가 떨어졌지요. 그래서 그 후 놀라운 속도로 발전한 디지털 컴퓨터로 대체될 수밖에 없었어요.

디지털 계산기도 아날로그 계산기 못지않게 오랜 역사가 있습니다. 오래전부터 동양과 유럽에서 사용했던 주판도 넓은 의미에서 볼 때 디지털 계산기의 일종이에요. 1642년 프랑스 수학자 블레즈 파스칼이 제작한 계산기도 정수를 이용한 장치였기 때문에 디지털에 속해요. 톱니바퀴를 이용해서 여덟 자리 수까지 더하고 뺄 수 있었지요. 오늘날 '파스칼 계산기'라고 불리는 이 계산기는 세계 최초의 기계식 수동 계산기라고 해요. 1674년 독일의 철학자이자 수학자 고 트프리트 빌헬름 폰 라이프니츠는 파스칼 계산기를 보완해서 곱셈과 나눗셈, 그리고 제곱근 계산을 할 수 있는 계산기를 발명했어요.

1834년 영국의 수학자이자 발명가 찰스 배비지는 '해석 기관'을 고안해 냈습니다. 이를테면 자동 계산기와 같은 것이었지요. 그것은 천공카드에 의한 입출력, 연산장치, 기억 장치, 제어장치를 갖추는 등 현대적인 디지털 컴퓨터의 모

찰스 배비지가 고안한 해석기관은 초창기 디지털 컴퓨터의 모습과 비슷했어요.

습을 보여 주었어요. 배비지의 아이디어는 약 100년이 지난 1930년대에 재발견되어 제2차 세계대전이 끝나기 직전 헝가리 수학자 요한 폰 노이만에 의해서 프로그램 컴퓨터의 형태로 발전되었답니다.

근대적 컴퓨터는 어떤 계기로 아날로그에서 디지털로 바뀌게 되었을까요? 여기에는 1945년 미국 해군이 추진하던 모의실험 비행장치 개발 계획에서 디지털 방식을 채택한 것이 결정적 역할을 했습니다. 애초에 이 계획은 부시의 미분해석기를 응용한 아날로그 컴퓨터를 활용해서 조종사의 조종 반응을 시뮬레이션하는 것이었어요. 하지만 아날로그 방식은 계산 속도가 너무 느려 실시간으로 조종사의 반응을 계산하기가 어려웠지요. 이런 문제점을 해결하기 위해서 1945년 말, 아날로그 방식을 포기하고 새로운 대안으로 떠오른 디지털 방식을 채택하게 되었답니다.

모든 과학이 그렇듯 컴퓨터 과학도 충실한 이론적 토양 없이는 발전하지 못했을 것입니다. 컴퓨터 과학의 이론은 1940년대를 전후해 정립되기 시작했어요. 특히 1948년은 중요한 이론들이 발표되어 컴퓨터와 정보 기술의 기반을 확고히 한 해였지요. 미국 수학자 노버트 위너의 사이버네틱스이론, 클로드 섀넌의 정보이론, 폰 노이만의 자기증식 자동자이론 등이 모두 1948년에 등장했답니다.

'생각하는 기계'의 가능성에 대한 탐구는 이미 1930년대부터 활발히 전개되었어요. 이 시기를 주도하면서 컴퓨터의 이론적 모델을 최초로 제시한 사람은 영국 수학자 앨런 튜링입니다. 튜링은 인간의 두뇌와 비슷하게 작동하는 기계를 만들겠다는 생각으로 1936년 '튜링 기계'라는 가상의 기계를 고안해 냈습니다. 튜링 기계는 제어 장치, 테이프, 입출력 헤드로 구성된 것이었어요. 그런데 이 초창기 컴퓨터는 주어진 함수 값, 즉 특정 계산만을 할 수 있었어요. 그래서 좀 더 많은 문제를 해결할 수 있는 기계가 필요했는데, 이로써 '보편 튜링 기계'라는 개념이 나오게 되었지요. 보편 튜링 기계는 어떤 프로그램이든 읽고 해석해 데이터를 처리할 수 있었어요.

튜링의 이론을 이어받아 컴퓨터의 구조 체계를 정리한 사람이 바로 폰 노이만입니다. 1903년 헝가리에서 태어난 노이만은 어릴 적부터 수학에 남다른 재능을 보였어요. 그는 학업을 마치고 불안정한 정치 상황을 피해 오스트리아, 독일 등지를 전전하다가 1930년 미국으로 건너갔어요. 제2차 세계대전이 터지자 노이만은 핵폭탄 개발을 위한 맨해튼 계획에 참여했어요. 그는 원자폭탄 개발 과정에 깊숙이 개

앨런 튜링

'컴퓨터 과학의 아버지'라고도 하는 튜링은 20세기 정보화 시대를 이끈 영국의 수학자이자 컴퓨터 과학자입니다. 그의 업적을 기리기 위해 1966년부터 '튜링상' 제도가 시행되고 있는데, 이는 컴퓨터 과학 분야의 노벨상이라고 할 만큼 권위 있는 상이에요.

20세기 이전의 산업혁명이 인간을 육체노동에서 해방시켜 주었듯이 정보혁명은 인간을 단순 반복적인 사고, 즉 정신노동에서 해방시켜 주었습니다. 컴퓨터의 창시자가 누구인지에 대해서는 많은 의견이 있지만, 컴퓨터의 원리를 만들어 낸 사람이 튜링이라는 것에는 의심의 여지가 없습니다.

튜링은 많은 사람이 쓸모없게 여기는 순수수학과 산업을 멋들어지게 연결하는 다리를 놓았다고 할 수 있어요. 프리스턴대학교를 다니던 시절 그는 매우 큰 두 수를 곱해 어떤 메시지를 암호화할 수 있는 전자곱셈기를 만든 적이 있어요. 제2차 세계대전이 발발하자 그는 영국 정부를 도와 독일군의 암호를 해독했고, 1944년 처음으로 프로그래밍이 가능한 디지털 컴퓨터인 '콜로서스'를 개발했어요.

그 후 튜링은 동성애자 혐의(당시 영국은 동성애가 불법이었어요)를 받던 중 1954년 자신이 일하던 맨체스터 전산연구소에서 청산가리가 든 사과를 먹고 자살했다고 해요. 오늘날 매킨토시 컴퓨터로 유명한 애플사의 로고(한입 베어 먹은 사과)는 튜링을 기리는 의미에서 만들어졌다는 설도 있답니다.

입하면서 컴퓨터의 역사에 결정적인 자취를 남기게 됩니다. 컴퓨터 이론에 관한 노이만의 가장 중요한 업적은 디지털 계산 체계를 정립한 것입니다. 노이만은 생명체의 기본적인 행동을 합성하면 더욱 복잡한 형태의 기능을 실현할 수 있다고 생각했어요. 그리고 이는 훗날 인공생명 연구의 이론적 기초가 되었지요.

노이만의 또 다른 업적은 게임이론입니다. 1944년 독일 경제학자 오스카 모르겐슈테른과 함께 《게임이론과 경제행동》이라는 논문을 발표했는데요, 이 논문에서 그들은 게임에서 최선의 선택이 존재한다는 것을 수학적으로 분석했습니다. 그의 게임이론은 경쟁과 협조가 복합적으로 작용하는 현대의 경제 행위나 군사 행동에 있어 불확실한 상황의 결과를 예측하고 최대의 이익을 확보하면서 최적의 전략을 수립하는 데 널리 활용되고 있습니다.

이런 이론들의 배경에는 고대 그리스에서부터 학문적으로 잘 정립된 논리학이 자리 잡고 있습니다. 영국의 수학자이자 논리학자인 조지 불은 1854년 펴낸 책 《논리와 확률의 수학 이론에 기반한 사고 법칙 연구》에서 논리학을 대수의 형태로 변환했으며, 이를 확률에 대한 추론으로까지 연장시켰어요. 다시 말해 그는 대수에서 사용하는 x, y 같은 미지수를 집합과 논리의 명제로 바꾸었어요. 예를 들어 '오늘은 비가 올 것이다'와 '내일은 눈이 올 것이다'라는 명제가 있다고 합시다. 이것을 각각 x와 y라는 집합으로 나타낼 때 두 집합의 공통집합은 명제의 논리곱 '오늘은 비가 올 것이고 내일은 눈이 올 것이다'가 되며, x·y로 표시할 수 있지요. 마찬가지로 논리합은 x+y로 '오늘은 비가 오거나 내일은 눈이 올 것이다'로 나타낼 수 있어요.

조지 불은 전체집합을 1로 나타내고, 아무것도 없는 집합을 0으로 나타냈어요. 이를 명제로 나타내면 1은 참, 0은 거짓을 의미합니다. 불은 '그리고', '또는', '~이 아니다'와 같은 논리 접속사를 수학적으로 활용했어요. 이런 논리 접속사는 오늘날 컴퓨터 연산과 스위칭 회로의 핵심이 되었지요. 이를테면 불은 컴퓨터에서 사용하는 이진법 체계를 만들었던 것입니다. 1938년 클로드 섀넌은 불의 논리를 이용해 전기 회로를 설계하는 이론을 개발했고, 10년 후에는 '비트bit'라는 용어를 만들면서 아날로그를 디지털로 바꾸는 정보이론을 창시했어요.

컴퓨터의 기본적인 논리 회로는 'AND', 'OR', 'NOT'라는 게이트로 구성됩니다. 이것은 불의 연산자인 '그리고', '또는', '~이 아니다'에 해당하며, 각각 곱셈, 덧셈, 부정이라는 대수의 연산 체계와 동일합니다. AND 게이트는 두 개의 입력 신호가 동시에 입력 채널에 들어올 때만 출력 신호를 방출해요. OR 게이트는 두 개의 입력 신호 중 하나라도 들어오면 출력 신호를 내보내고요. 컴퓨터 회로에서 게이트를 통해 전기 신호가 흐르는 방식은 불이 발견한 대수의 규칙을 따릅니다. 이것은 일종의 사고 체계이므로 어떤 의미에서는 컴퓨터도 생각을 한다고 할 수 있지요.

친구에게 전화를 거는 순간 우리는 수학의 세계에 발을 들여놓는 것이나 마찬가지입니다. 그것은 단순히 전화요금 계산 때문이 아니에요. 진짜 수학을 발견하는 곳은 전화의 연결 경로를 어떻게 정할 것인지 결정하는 소프트웨어에 있지요.

방대한 네트워크 시스템에서 어떻게 하면 최선의 경로를 선택할 수 있을까요? 도대체 얼마나 많은 경로가 존재할 수 있는지 알아보기 위해 열두 개의 도시가 있다고 가정해 봅시다. 여기서 각 도시는 도로망을 통해 서로 연결되어 있어요. 열두 개 도시를 정확하게 한 번씩 들른다고 할 때 각 도시를 순회하는 경우의 수는 총 몇 가지나 될까요? 상상하기 힘들겠지만 무려 5억 가지 방법이 있습니다.

이와 비슷한 문제는 컴퓨터 하드웨어에서도 발견됩니다.

반도체 기판에 수만 개의 구멍을 뚫기 위해 레이저 드릴을 이용합니다. 이때 경비를 최소화하려면 드릴이 길 잃은 여행자처럼 움직여서는 안 되겠지요. 그래서 컴퓨터를 설계하는 사람들은 드릴이 모든 구멍을 단 한 번씩만 찾아다니며 구멍과 구멍 사이를 오가며 최단거리로 여행할 방법을 찾습니다.

이 문제를 해결하려고 했을 때, 1920년대부터 수학자들이 이와 정확히 똑같은 문제를 연구했다는 사실이 밝혀졌어요. 이 문제를 바로 '여행하는 외판원 문제'라고 합니다. 최소 경비로 모든 도시를 빠짐없이 방문하고 다시 출발점으로 돌아오기 위해 외판원들은 여러 도시를 알뜰하게 돌아다닐 방법을 찾아야만 하지요.

1954년에는 미국에서 49개 도시를 이용한 외판원 문제가 해결되었습니다. 2004년에는 스웨덴에서 2만 4,978개의 마을을 이용한 문제가 해결되었고요. 이것은 전자 산업, 운송 회사, 심지어 핀볼 기계를 만드는 회사들까지 구멍 뚫기나 일정 관리 등 간단한 일을 하는 데도 수학에 의지해야 함을 뜻합니다.

인터넷이 처음 세상에 공개되었을 때 그곳은 컴퓨터광들만 들어가 즐기는 일종의 파라다이스였지요. 이는 인터넷 기술이 엄청나게 발전하긴 했지만 일반인들이 이해하고 사용하기에는 다소 힘들었기 때문이에요. 자신이 찾는 것이 무엇인지 정확히 알고 있지 않는 한 그것을 찾아내기는 거의 불가능했어요. 인터넷이 전혀 쓸모없는 것처럼 보였지요.

인터넷 혁명을 일으킨 사람은 유럽원자핵공동연구소[CERN]의 팀 버너스리 경입니다. 버너스리 경은 1991년 여러 나라의 연구자들이 정보를 쉽게 교환할 수 있도록 하이퍼텍스트에 기반을 둔 월드와이드웹[www]을 만들면서 '브라우저'라는 이름을 붙였어요. 하이퍼텍스트란 갖가지 문서를 자유롭게 이용할 수 있도록 연결해 놓은 것입니다.

월드와이드웹은 문자는 물론 그림, 사진, 음성, 동영상 등 다양한 정보를 전달할 수 있는 특징이 있습니다. 결국 월드와이드웹의 등장으로 그동안 갇혀 있던 정보들의 물꼬가 트이게 되었고, 이로써 정보 중심의 새로운 지식사회가 펼쳐지게 되었지요.

반도체 기판과 전선, 전자기파 속에 숨어 있는 수학이 오늘날 컴퓨터 테크놀로지와 통신 혁명을 이끌었다면, 그로 인해 발생하는 문제점 역시 수학이 해결해야 할 것입니다. 예를 들어 인터넷의 엄청난 정보들 중에서 필요한 내용을 어떻게 찾을까요? 많은 사람이 동시에 접속할 때 네트워크에 과부하가 걸릴 때는 어떻게 해결할까요?

이 문제는 교통 흐름이 원활했던 고속도로에서 어느 순간 차들의 속도가 느려지며 많은 차가 한데 엉키는 상황과 비슷합니다. 이럴 때도 역시 '대기행렬이론'이라는 수학 분야가 필요합니다. 대기행렬이란 말 그대로 교통 체증 때문에 죽 늘어선 차들의 행렬, 버스를 기다리는 사람들의 행렬, 생산 라인을 따라가는 반제품들의 행렬, 과부하가 걸린 전선을 따라 이동하는 전류의 흐름에서 찾아볼 수 있습니다.

네트워크의 신속한 흐름을 보장하려면 많은 중계선이 필요하지요. 그렇다고 중계선을 너무 많이 늘리면 시스템이 비효율적일 뿐 아니라 막대한 경제적 비용을 부담해야 해요. 이런 문제를 제대로 처리하려면 고도의 수학 이론이 필요합니다. 그런 측면에서 과학과 테크놀로지를 연결하고 새로운 네트워크 혁명을 이끌기 위한 수학의 역할이 그 어느 때보다 중요해졌습니다.

현대는 또한 정보의 시대입니다. 정보는 이미 상품이 되었으며, 어떤 면에서는 사물보다 더 중요해졌지요. 하지만 날것 그대로의 정보는 가치가 없습니다. 진짜 중요한 것은 정보가 의미를 갖게 만드는 연산 처리 과정, 즉 알고리즘이 필요하지요. 예를 들어 주식 중매인이 원하는 것은 단순히 숫자들의 조합이 아니에요. 주가가 어떻게 변동할지 알려 주는 일정한 패턴을 원하지요. 그것을 얻기 위해서는 정보를 단순히 컴퓨터에 입력하는 것만으로는 부족해요. 우리가 활용할 수 있는 형태로 정보를 처리하기 위해서는 숫자들의 의미 있는 조합이 필요하지요. 그것이 바로 수학이 하는 일이랍니다.

교과 연계

참고 자료

결정적 질문 1

- 고상숙·고호경, 《청소년을 위한 서양수학사》, 두리미디어, 2006
- 김홍종, 《문명, 수학의 필하모니》, 효형출판, 2009
- 레오나르드 플로디노프, 《유클리드의 창: 기하학 이야기》, 전대호 옮김, 까치, 2002
- 리처드 만키에비츠, 《문명과 수학》, 이상원 옮김, 경문사, 2002
- 마이클 브래들리, 《달콤한 수학사》, 오혜정 옮김, 일출봉, 2007
- 모리스 클라인, 《수학, 문명을 지배하다》, 박영훈 옮김, 경문사, 2005
- 샌더슨 스미스, 《수학사 가볍게 읽기》, 황선욱 옮김, 한승, 2002
- 스티븐 스키너, 《신성기하학》, 김영희·류혜원 옮김, 열린과학, 2008
- 야콥 페렐만, 《페렐만의 살아 있는 수학 4: 기하학》, 김영란 옮김, 써네스트, 2010
- 존 스트로마이어·피터 웨스트브룩, 《피타고라스를 말하다》, 류영훈 옮김, 통크, 2005
- 카를 메닝거, 《수의 문화사》, 김량국 옮김, 열린책들, 2005

결정적 질문 2

- 뉴턴편집부, 《0과 무한의 과학》, 뉴턴코리아, 2010
- 마르쿠스 듀 소토이, 《소수의 음악》, 고중숙 옮김, 승산, 2007
- 마르크 알랭 우아크냉, 《수의 신비》, 변광배 옮김, 살림출판사, 2006
- 스티븐 호킹, 《시간의 역사》, 김동광 옮김, 까치, 2003
- 앤서니 애브니, 《시간의 문화사》, 최광열 옮김, 북로드, 2007
- 이정모, 《달력과 권력》, 부키, 2000
- 존 더비셔, 《리만 가설》, 박병철 옮김, 승산, 2006
- 찰스 사이프, 《0을 알면 수학이 보인다》, 홍종도 옮김, 나노미디어, 2007

결정적 질문 3

- 계영희, 《명화와 함께 떠나는 수학 여행》, 살림출판사, 2006
- 김승태, 《데카르트가 들려주는 좌표 이야기》, 자음과 모음, 2008

- 데이바 소벨·윌리엄 앤드루스 지음,《경도》, 김진준 옮김, 생각의나무, 2001
- 릴로 칸트,《르네상스》, 김미선 옮김, 성우, 2000
- 마크 몬모니어,《지도전쟁》, 손일 옮김, 책과함께, 2006
- 박민아,《뉴턴 & 데카르트》, 김영사, 2006
- 시이나 미사코 지음,《투시 원근법》, 이성빈 옮김, 마고북스, 2008
- 이명옥·김흥규,《명화 속 신기한 수학이야기》, 시공사, 2005
- 존 레니 쇼트,《지도, 살아 있는 세상의 발견》, 김희상 옮김, 작가정신, 2009

결정적 질문 4
- 더글러스 다우닝,《미적분》, 최태환 옮김, 이지북, 2004
- 마틴 가드너,《쉽게 배우는 미적분학》, 공창식 옮김, 홍릉과학출판사, 2004
- 박교식,《수학기호 다시보기》, 수학사랑, 2008
- 보이텔스바허·페트리,《황금분할》, 한경혜 옮김, 이치, 2007
- 이언 스튜어트,《아름다움은 왜 진리인가》, 안재권·안기연 옮김, 승산, 2010
- 장우석,《수학 철학에 미치다》, 숨비소리, 2008
- 클리퍼드 픽오버,《신의 베틀》, 이상원 옮김, 경문사, 2002
- 페트르 베크만,《파이의 역사》, 박영훈 옮김, 경문사, 2002

결정적 질문 5
- 데이비드 보더니스,《일렉트릭 유니버스》, 김명남 옮김, 생각의 나무, 2005
- 리처드 파인만,《파인만의 물리학 강의 3 양자역학》, 정재승 외 옮김, 승산, 2009
- 브라이언 그린,《우주의 구조》, 박병철 옮김, 승산, 2005
- 이종필,《신의 입자를 찾아서》, 마티, 2008
- 이현경,《아인슈타인 & 보어》, 김영사, 2006
- 정갑수,《물리법칙으로 이루어진 세상》, 양문, 2007
- 김제완 외 14인(정재승 기획),《상대성이론, 그 후 100년》, 궁리, 2005
- 조지 슈피로,《수학의 사생활》, 전대호 옮김, 까치, 2008

· 존 그리빈, 《과학》, 강윤재·김옥진 옮김, 들녘, 2004
· 존 그리빈 엮음, 《한번은 꼭 읽어야 할 과학의 역사》, 최주연 옮김, 에코리브르, 2005

결정적 질문 6

· 고지마 히로유키, 《수학으로 생각한다》, 박지현 옮김, 동아시아, 2008
· 뉴턴편집부, 《확률의 세계》, 뉴턴코리아, 2010
· 데보라 베넷, 《확률의 함정》, 박병철 옮김, 영림카디널, 2003
· 디트마 다스, 《20세기 수학자들의 초상》, 박승억 옮김, 궁리, 2009
· 레오나르드 믈로디노프, 《춤추는 술고래의 수학이야기》, 이덕환 옮김, 까치, 2009
· 마리오 리비오, 《신은 수학자인가》, 유자화 옮김, 열린과학, 2010
· 박경미, 《수학 콘서트》, 동아시아, 2006
· I. B. 코언, 《수의 승리》, 김명남 옮김, 생각의나무, 2010
· 에드워드 버거·마이클 스타버드, 《수학 재즈》, 승영조 옮김, 승산, 2009
· 키스 데블린, 《수학으로 이루어진 세상》, 석기용 옮김, 에코리브르, 2003

사진 출처

· 22쪽 Ricardo Liberato / commons.wikimedia.org
· 191쪽 Mrjohncummings / commons.wikimedia.org

다른 포스트

뉴스레터 구독신청

10대를 위한
수학을 움직인 결정적 질문

초판 1쇄   2010년 12월 24일
개정판 2쇄   2023년 5월 12일

지은이   정갑수

펴낸이   김한청
기획편집   원경은 차언조 양희우 유자영 김병수 장주희
마케팅   현승원
디자인   이성아 박다애
운영   최원준 설채린

펴낸곳 도서출판 다른
출판등록 2004년 9월 2일 제2013-000194호
주소 서울시 마포구 양화로 64 서교제일빌딩 902호
전화 02-3143-6478 팩스 02-3143-6479 이메일 khc15968@hanmail.net
블로그 blog.naver.com/darun_pub 인스타그램 @darunpublishers

ISBN   979-11-5633-442-2 (44000)
        979-11-5633-441-5 (세트)